경매의 신

개정증보판

경매의 신

초판 1쇄 | 2019년 6월 30일

지은이 | 이성용
펴낸이 | 이금석
기획 편집 | 박지원
디자인 | 김현진
마케팅 | 박지원
경영지원 | 조석근
펴낸곳 | 도서출판 무한
등록일 | 1993년 4월 2일
등록번호 | 제3-468호
주소 | 서울 마포구 서교동 469-19
전화 | 02)322-6144
팩스 | 02)325-6143
홈페이지 | www.muhan-book.co.kr
e-mail | muhanbook7@naver.com

가격 16,000원
ISBN 978-89-5601-414-2 (13320)

이제 막 왕초보 딱지를 뗀 이들을 위한

경매의 신

이성용 지음

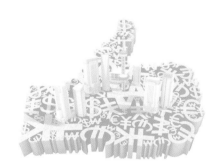

프롤로그

증보 개정판을 내며

《경매의 신》을 첫 출간한 뒤, 많은 분들의 사랑을 받았고 그로 인해 저에게 많은 변화가 있었습니다. 그리고 모자란 내용을 더 보태고 쉬운 설명을 더해 증보 개정판을 만들게 되었습니다. 조금 부족했던 부분을 더욱 채운 만큼 경매 초보자분들에게 더 알차게 남는 책이 되길 바라는 마음 때문입니다.

저는 지금까지 수백 건의 컨설팅을 해왔습니다. 특수권리 중 대표적인 유치권, 법정지상권, 선순위임차인, 분묘기지권 등을 무너뜨리고 고수익을 창출해낸 과정들을 리뷰하다 보면 예상치 못한 수많은 변수들과 싸워나갔던 기억들이 생생합니다.

소액부터 100억 이상의 대형 물건들에 대한 분석과 명도의 과정 속에서 느낀 현실적인 이야기들을 담아내고자 했습니다. 때문에 이 책은 경매에 관한 이야기를 다루고 있지만 엄밀히 말하면 법리해석을 해주는 경매 법률 서적이 아닙니다. 필자는 법학을 전공하지도 않았고, 당연히 변호사도 아닙니다.

그럼에도 불구하고 법학을 전공하지 않은 한 개인이 경매투자와 컨설팅을 하면서 부딪쳤던 좌충우돌 과정들을 간접적으로 전달하고, 이를 통해 다듬어진 기술들을 고스란히 전달해보고 싶었던 이유는, 이 이야기가 독자분들께 도움이 될 것이라는 믿음 때문이었습니다. 그래서 이 책은 오류가 많을 것이고, 법률을 다루거나 실제 그것을 업으로 삼은 이들이 보기에는 그야말로 가가대소(呵呵大笑)할 일인지도 모르겠습니다.

축구로 치면 드리블하는 방법도 제대로 익히지 않은 채 슈팅만 연습한 셈이지만, 그나마 저는 운이 좋았던 것 같습니다. 나름대로 경매 실력이 조금은 과장되어 소문이 나기 시작하면서 신문이나 잡지에 기고를 하기 시작했고, 지금은 고정으로 생방송 프로그램도 진행하며 다양한 매체를 통해 저의 이야기들을 전달할 수 있는 기회들이 주어졌기 때문입니다.

그 덕분에 참 좋은 분들을 만났습니다. 각 부동산 연구소의 소장님, 제도권 전문가뿐만 아니라 여러 언론과 사회단체를 이끌어가는 이들과 실전 투자에서 큰 성취를 이룬 전문 투자자들을 두루 만날 수 있었고, 그 과정에서 제 안에 있는 오류들을 계속 수정해 나갈 수 있었습니다.

그 과정에서 출판할 수 있는 기회를 갖게 되었고, 그 첫 번째 책이 《경매의 신》이 되었습니다. 출판의 용기는 '천지 모르는 하룻강아지가 세상을 구경한 반나절 여행기' 정도의 의미였지만 나름대로 경매가 무엇인지를 고민하고 시장에서 치열하게 싸워왔던 한 개인의 생각은 어떤지, 그 안에서 깨달은 것과 보통 사람들이 모르고 있다고 생각하는 비밀의 투자기술은 무엇이라고 주장하고 있는지, 한 컨설팅회사의 대표로서 경매투자를 어떻게 바라보는지를 알아두는데 참고하면 좋겠다는 정도로 봐주신다면 감사할 것 같습니다.

독자분들께 이 책을 잘 읽는 방법을 설명 드리자면 평소에 관심 있던 부분을 찾아 골라서 읽는 것보다는 목차를 전반적으로 한번 훑어본 뒤에 차례대로 읽어주셨으면 합니다. 그렇게 읽어야만 경매를 잘 모르는 초보자분이 이 책을 덮을 때 법원경매라는 것에 대한 큰 그림이 그려질 것이고, 그 그림 안에서 나의 포지션을 찾아 집중적인 공부를 할 수 있는 방향이 잡힐 것입니다.

그 다음 이 책을 통해 나름대로의 흡족함을 느끼셨다면 두 번째 서적인 《월세의 신》을 읽은 뒤 세 번째 서적 《부동산의 신》을 차례대로 읽는다면 경매라는 제도와 맞물려 부동산이라는 자산 자체에 대한 이해도와 전문성이 한층 높아질 것이라고 생각됩니다. 상상해 보자면 법원경매 특수권리를 통해 반값낙찰을 받아 2배의 자본수익을 만들어낼 수도 있는 물건 리스트들을 나열해놓고 이 중에서 부동산 자체의 비전과 가치를 판단해 볼 수 있고, 앞으로 5년 내 가장 많은 가치상승을 통해 수익의 시너지효과를 낼 수 있는 물건들을 구별해낼 수 있는 눈을 갖게 되는 것이지요.

그때 독자분들은 반쪽짜리 전문가가 아니라 진정 부동산경매의 전문성의 길로 한걸음 나아갈 수 있게 될 것입니다. 마지막으로 그동안 저에게 좋은 가르침을 준 많은 이들에게 진정 어린 감사를 드리고 싶습니다. 많은 영감을 주고 특히 경매 일부 파트의 소중한 자료를 기꺼이 허락해주신 문상철 교수님, 책을 집필하기 위해 글감옥에 갇혀 고

통스러워하는 제가 집필에만 집중할 수 있도록 해준 우리옥션 본부장님과 이사님, 책에 실린 사례들을 함께 겪어나가며 큰 역할을 해주었던 조용주 변호사님, 1년간 긴 도움을 준 중소기업진흥공단의 정창모 위원님, 경매에 눈을 뜨게 해준 윤건수 교수님, 우리옥션 홈페이지를 늘 열심히 관리해주시는 문상록 프로그래머님, 이 책을 낼 수 있게 도와주신 무한출판사 대표님과 편집자님, 그리고 언제나 곁을 지켜준 오랜 친구 이인선, 안경현 등의 도움에 진심으로 존경과 감사의 인사를 드리고 싶습니다.

— 이성용

목차

Secret 1 — 경매 무용담의 비밀

Secret 2 — 권리분석의 비밀

Secret 5 명도의 비밀

Secret 6 경매 현실감각 익히기

Secret 7

부자의 진짜 기준

부록

전국 지역별 특징 및 공략법

1 서울 **[서울] 안전하고 낮은 수익률로 간다**

2013년 새 정부가 들어서며 서울아파트의 시세가 우상향을 하고 있는 현상에 더불어 주택거래 침체의 갈증을 해소하기 위한 4·1 부동산대책으로 낙찰가율이 평균 5~7%까지 상승하였으며 3~4명 응찰하던 경매물건을 7~8명 정도가 입찰할 정도로 경쟁이 극심하다. 물론 이러한 현상이 있기 전부터도 서울의 부동산 평균 수익률이 3~4%를 넘지 못했기 때문에 경매라는 제도를 통하여 안전하고 낮은 수익률을 추구하는 것이 현실적이다. 하지만 얕잡아 보지 마라. 모든 투자의 핵심은 안전하고 지속적인 수익이 기본이며, 이러한 안정성이 뒷받침 되었을 때 장기적으로 성공적인 투자를 할 수 있다.

2 대구 **[대구] 유별나게 높은 아파트 낙찰가**

대구아파트경매물건의 경우 소위 말하는 '단타'라는 개념에서의 아파트투자는 현실적으로 쉽지 않기 때문에 실거주목적 또는 미래가치를 보고 내가 원하는 수익범위에 들어섰을 때까지 보유를 하다가 매도할 수 있는 여유있는 장기투자자로서의 자세가 필요하다. 물론 일반매매로 구입하였을 때보다 임대수익은 높지만, 타 지역에 비교하여 상대적으로 경매라는 제도가 주는 매력의 임대수익률에는 미치기 힘들다.

3 경북/칠곡 **[경북/칠곡] 임대수익률 20% 이상 다가구건물 포인트**

칠곡산업단지에 4~5억대 다가구 15세대 건물을 노려라. 주변 중개업소에서 직접 전/월세관리까지 위임받아 회전을 시켜주기 때문에 수도권지역의 투자자도 군침을 흘릴 만한 경매물건이 실제로 많이 있다.

4 인천 **[인천] '영종지구'와 '청라지구'를 집중하라**

영종지구와 청라지구에서 반값까지 유찰된 경매물건들이 우르르 나오기 시작했다. 기반시설을 갖추어야 할 목적이 있는 지구들이기 때문에 장기적으로 큰 수익가치가 잠재되어 있다.

5 강원 [강원] 임야와 펜션경매의 메카

강원도는 예전이나 현재나 낮은 금액대비 미래가치가 충분한 임야를 포함한 다양한 토지들이 많이 있다. 소액투자자의 경우에는 철도가 지나는 땅을 시세대비 30~40%에 낙찰받아 창고와 같은 형태로 임대를 줌으로써 투자금액대비 임대수익을 실현하거나, 임야를 낙찰받아 소나무 조경사업을 하며 미래의 개발계획 착수를 기다리는 방법도 좋은 방법이다. 실제로 소나무의 경우는 그 어떤 지역보다 강원도에서 자란 소나무가 2~3배는 더 비싸다. 그 이유는 몰아치는 눈과 비, 기후변화를 모두 이겨 내 강하게 자랐기 때문에 나무를 뽑아 이동하면서 소나무가 죽는 경우가 다른 지역의 나무보다 월등히 떨어지고 건강상태도 매우 좋기 때문이다. 또한 푹 꺼진 못생긴 토지를 낙찰받아 흙을 채워 되파는 방법과 같이 다양한 방법을 시도할 수 있는 창조의 땅이 많다. 참고로 곳곳에 '흙 구합니다'라는 팻말을 꽂아두면 흙을 무상으로 구할 수 있다. 토지에 관심이 없다면 펜션사업을 하고자 하는 투자자들도 눈여겨볼 경매물건이 많이 있으니 꼭 참고하길 바란다.

6 경기 [경기] 경매 초보자의 첫 투자지역으로 안성맞춤

경기도의 경우는 토지, 오피스텔, 아파트, 상가, 숙박시설 등 다양한 경매물건들이 가장 많이 나오고 있다. 서울보다는 경쟁률이 낮고 인천보다는 투자가치가 높기 때문에 경매 초보 투자자들에게 상대적으로 안전한 자산투자와 관리로 안성맞춤이다.

7 제주 [제주] '보석' 같은 흉가를 지나치지 마라

사람이 살지 않는 흉가처럼 단독주택 경매물건이 여러 번 유찰이 되어 있다면 주변환경을 자세히 보라. 어쩌면 흉가를 아름다운 펜션으로 짓는 순간 아름다운 배경과 전망으로 부동산가치가 2배 이상 오를 수 있다. 흉가이기 때문에 응찰자들이 적으며 낮게 낙찰을 받을 수 있으니 흉가를 무심히 지나치지 않는 것이 좋다.

대표 경매사이트의 특징

지지옥션 (유료 경매정보검색&교육)
❶ 물건검색데이터면에서 풍부한 콘텐츠 제공
❷ 펀드와 같은 형태의 공동투자로 배당수익 서비스 제공
❸ 법원별 실시간 낙찰가 제공
❹ 가격-월 115,680원

굿옥션 (유료 경매정보검색&교육)
❶ 지지옥션과의 라이벌로 풍부한 콘텐츠 제공
❷ 경매관련 유료동영상교육 서비스가 매우 잘 되어 있음
❸ 가격-월 119,000원

스피드옥션 (유료 경매정보검색&교육)
❶ 권리분석 데이터가 동종회사에 비해 꼼꼼히 잘 되어 있음
❷ 맞장토론과 같은 회원 참여 커뮤니티가 활성화되어 있음
❸ 낮은 가격대비 2013년 많은 발전으로 지지옥션과 굿옥션만큼의 경매정보 질적 수준 향상
❹ 가격-월 72,000원

우리옥션 (무료 경매정보검색&컨설팅&교육)

❶ 경매물건 검색서비스 무료 (등기 권리분석/임차인 분석까지 제공)
❷ 국내 최초의 서비스인 종합분석보고서와 실시간 1:1채팅상담 서비스 제공
❸ 네이버와 같은 포털사이트의 구조로 경매지식 검색기능 보유
❹ 국내에서 인지도가 높은 조용주 변호사와 경매서적 저자들의 실시간 상담
 이 돋보임
❺ 실시간 무료 5분 강좌 제공 (실전 중심)
❻ 유료 경매컨설팅 서비스 보유(원스톱 대행, 명도 대행, NPL(부실채권)컨설
 팅, 종합분석보고서, 이대표 1:1컨설팅)

리치옥션 (무료경매정보검색&컨설팅&교육)

❶ 대한민국 최초의 무료경매정보사이트로 전통이 있음
❷ 수준급 경매강사들의 동영상 유료강좌 보유
❸ 2012년 법무법인이 리치옥션을 인수하여 더욱 전문화될 것으로 예상
❹ 부동산경매 컨설팅 전반의 서비스 제공

리더스옥션 (무료 경매정보검색&컨설팅&교육)

❶ 반값토지경매의 저자가 운영
❷ 토지관련 유료 현장교육 서비스로 회원들로부터 널리 알려짐
❸ 최근 소셜커머스 사이트 등을 이용해 토지실전투자 교육권을 저렴하게 구
 입 가능
❹ 소액투자클럽 운영으로 소액투자자들의 투자상품 제공
❺ 토지관련 유료경매컨설팅에 있어서 셈세하고 밀도 있는 서비스 제공

경매인이 가장 궁금해하는
질문 BEST 5

5위 경매 임차인이 법인인 경우 ▼

Q 법인이 사원용 주택의 마련을 위해 주택을 임차하고 사원을 입주시킨 후 사원 명의로 주민등록을 마쳤습니다. 이러한 경우 법인도 주택임대차보호법상 주택임차인으로서 보호받을 수 있나요?

A 2013년도 이전의 계약까지는 법인이 아닌 자연인인 무주택자의 주거 안정을 입법목적으로 하고 있기 때문에, 예외적으로 한국토지주택공사(LH)나 지방공사의 경우만 주택임대차보호법의 적용대상이었으며, 2014년도 이후로는 대한민국 모든 법인을 주택임대차보호법의 적용대상으로 개정되었기 때문에 권리분석을 할 시 2014년도 이후의 법인 임대차계약이고, 전입자가 법인의 사원이라면 해당 사원의 전입신고 일자를 기준으로 하여 대항력여부를 반드시 분석해야 할 것입니다.

4위 경매 임차인이 보증금 배당요구를 하지 않는 경우 ▼

Q 소액임차인이 배당요구 종기까지 배당요구를 하지 않는다면 최우선변제를 받을 수 없는지요? 만일 최우선변제를 받을 수 없다면 제가 인수해야 하나요?

A 배당요구를 하지 않는다면 최우선변제를 받을 수 없습니다. 이유는 소액임차인이라도 경매법원에 배당요구종기까지 배당요구를 해야만 최우선변제를 받을 수 있기 때문입니다. 따라서 대항력이 없는 임차인이라면 경매낙찰 후 보증금 배당 여부와 관계없이 무조건 집을 비워주어야 한다. 하지만 대항력이 있는 임차인이 배당요구를 하지 않았다면 임차인은 자신의 보증금을 반환받을 때까지 임차주택을 비워주지 않아도 됩니다.

3위 대지권 없는 '하늘에 지은 아파트'란? ▼

Q 얼마 전 교통도 좋고, 주변 여건도 흡족한 아파트가 낮은 가격에 경매에 나왔더라고요. 저 같으면 덥석 물 것 같은데 사람들이 이상하게도 응찰하지 않았습니다. '대지권 없는 아파트'라서 그렇다는데 그게 무슨 뜻인가요?

A 대지지분 없이 건물만 경매에 나올 때 대지권이 없는 아파트라고 합니다. 대지권이 없다는 것은 건물에 대한 소유권은 인정되나 대지(땅)에 대한 권리가 없다는 것입니다. 이러한 아파트의 경우 시세의 절반 가격까지 떨어지게 된다. 그런데 이러한 아파트를 낙찰받는다면 대지 소유권을 가진 권리자에게 점유·사용료를 지불해야 하는 경우가 생길 수 있으며, 대지권이 없어 대지 소유자가 건물 전유부분의 매도를 요구하면 이에 응해야 합니다. 뿐만 아니라 재건축과 같은 개발호재에 있어 대지에 대한 권리가 없기 때문에 불이익을 보게 됩니다.

하지만 이를 역공략하여 수익을 얻을 수 있는 방법이 있습니다. 경매정보지를 보던 중 '대지권 없음'이라고 공지가 되어 있지만, 건축을 하면서 대지권은 있으나 등기만 하지 않은 특별한 경우에는 등기가 되어 있지 않다고 하더라도 대지권은 존재합니다. 이러한 물건의 진위를 파악하기 위해서는 감정평가서에 대지지분 가격을 포함하여 감정평가를 했는지 우선 살펴보고 주변중개업소로 해당물건에 대한 자문을 구하고, 분양 당시 분양공급계약서를 확인하는 방법이 가장 확실한 방법입니다.

20

2위 전입신고 내역은 없고 등기부의 임차권등기가 되어 있는 경우 ▼

 경매물건을 보다 보면 임차인의 전입신고 내역은 없고 등기부의 임차권등기가 되어 있는 경우에는 어떻게 이것을 해석해야 하나요?

임차권등기제도와 같은 경우에는 임차인이 보증금을 배당받기 전에 다른 집으로 이사하게 되면 대항력과 우선변제권을 모두 잃게 되어 주택임대차보호법상의 보호를 받지 못하게 됩니다. 하지만 계약기간이 만료되고 부득이하게 이사를 해야 하는 경우가 생겼을 시에 임차권등기를 함으로써 점유를 하지 않는다고 하더라도 주택임대차보호법상의 보호를 받아 대항력과 우선변제권을 유지할 수 있습니다.

임차권등기가 된 경매물건을 보았을 때의 해석은 후순위 임차인의 경우 현재 경매물건을 점유하지 않고 이사를 간 상태이기 때문에 명도가 굉장히 간편해질 수 있다는 점도 함께 기억하면 좋을 듯합니다.

1위 | 경매고수도 어려워하는 선순위 가처분이란?

Q 경매고수들에게 들으니 말소기준권리에 앞서 오는 가처분은 매각 후에도 그대로 살아 있어 최악의 경우 낙찰받은 소유권을 빼앗길 수 있다고 하던데 가처분이란 말은 다소 생소한데 그것이 무엇인가요?

A 가처분이란, 소유물반환청구권, 임차물 인도청구권 등과 같이 부동산에 대해 각종 청구권을 가진 채권자가 앞으로 원활한 집행보전을 위해 현재 상태를 유지할 필요가 있을 때 채무자의 재산 은닉이나 제3자에게 양도하는 것을 막는 조치입니다.

경매에서 기억해야 할 2가지 가처분은 다음과 같습니다.

1. 처분금지 가처분

처분금지 가처분이란 권리분석에서 흔히 말하는 가처분 중의 하나입니다. 말소기준등기 이후의 가처분은 매각 후 소멸되므로 분석의 대상이 안되지만 선순위 처분금지가처분은 낙찰 후에도 그대로 살아 있어 최악의 경우 낙찰받은 부동산의 소유권을 뺏길 수 있으므로 조심해야 합니다.

처분금지 가처분은 목적 부동산에 대한 채무자의 소유권이전 · 저당권 · 전세권설정 · 임차권설정 등 일체의 처분행위를 금지시켜 현 상태를 고정 · 유지할 필요가 있을 때 하는 처분입니다.

경매에서는 소유권이전등기 청구권이나 소유권말소등기 청구권이 처분금지 가처분의 주를 이룹니다.

2. 점유이전금지 가처분

점유이전금지 가처분의 경우는 낙찰 후 명도 단계에서 낙찰자(매수인)가 명도를 원활하게 하기 위해 취하는 조치입니다. 임차인이 명도비나 거주기간을 과도하게 요구해 불가피하게 점유자 '김말똥'을 상대로 강제집행을 신청하였는데, 막상 강제집행 당일이 되어 보니 김말똥 씨는 존재하지 않고 장길산 씨가 점유하고 있다면 강제집행 당사자가 바뀌어 집행을 다시 신청해야 하는 경우가 생깁니다.

이와 같은 일을 피하기 위해 미리 점유이전을 금지하는 가처분을 해두어 명도대상자 김말똥 씨가 타인에게 임대를 주는 등의 행위로 점유자가 바뀌는 것을 막고자 하는 것입니다.

선순위 가처분이라도 입찰해도 무방한 가처분을 찾는다면 이 또한 고수익 모델이 될 수 있습니다. 즉, 껍데기 선순위 가처분으로써 이미 경매개시 전에 목적을 달성한 선순위 가처분인 경우라면 인수사항이 되지 않습니다.

Secret 1
경매무용담의
비밀

'반값경매!' 당신이 진짜 할 수 있는가?

수많은 컨설팅회사 또는 경매서적들의 많은 주제들을 보면 '반값경매 노하우', '반값 내 집 마련'과 같은 슬로건들을 흔히 볼 수 있다. 하지만 여기에는 큰 약점이 있다. 그렇지 못하기 때문에 그럴듯한 슬로건을 내건다는 뜻이다. 예를 들어 어느 한 대학교에 '글로벌인재육성'이라는 슬로건이 붙어 있다면, 그 학교는 현재 글로벌 인재가 부족하게 육성되고 있다는 결론을 내릴 수 있다.

아주 조금은 느낌이 왔을 것이다. '반값경매'는 그렇게 호락호락한 것이 아니다. 지금부터 반값경매가 왜 호락호락하지 않는지와 반값경매낙찰을 통한 수익실현은 어떻게 방향을 잡고 가야 하는지 이야기해보려 한다.

일반적인 경매물건도 가끔씩 반값낙찰이 가능한 경우가 종종 있다.

하지만 결정적인 기준이 다르다. 감정평가금액을 기준으로 보았을 때의 반값낙찰인 것이다. 예를 들어 진행되는 경매물건 중 감정가는 5억인데 현재의 거래 시세는 3억인 경우 낙찰이 2억 5,000만 원이 되었다 치자. 이것은 감정평가금액을 기준으로 보았을 때 반값낙찰이지만, 훗날 매매를 할 때 중개업소에 들어가 감정평가금액에 매물을 내놓을 수 있겠는가? 그래서 경매전문가들은 외친다.

"감정가에 얽매이지 마라. 감정가는 시세가 아니다."

그렇다. 백번 맞는 말이다. 감정가 5억짜리 경매물건을 2억 5,000만 원에 낙찰받았다고 하더라도 일반적인 아파트경매물건의 경우처럼 시세대비 83%의 금액에 낙찰받은 것이다.

감정평가금액에 속지 마라. 기초지식만 있는 내가 봤을 때 좋은 물건은 남이 봐도 당연히 좋다. 안타깝게도 누가 봐도 좋은(편한) 경매물건이 경매물량의 대부분이다. '누워서 떡 먹기' 고수익은 2006년 이후 사라진 지 오래다. 경매시장은 초대중화가 되어 가고 있다.

갑자기 경매에 대한 푸른 기대감이 사라지고 있는가?

> **2006년 이후 경매수요가 급격히 늘어난 이유**　📍 **Tip**
>
> 대한민국 경제는 2005년부터 고도성장이 아닌 쇠퇴기를 맞이하였다. 금융지식이 없는 사람들은 계속 경제적으로 어려워졌는데, 이로 인한 갈증들이 재테크 열풍을 일으켰다. 이때부터 사람들은 잘 모르는 영역인 경매시장에 적극 참여하기 시작했고, 점점 더 어려워지는 경제 속에서 자산관리에 실패한 많은 사람들의 경매물량이 늘어나면서 경매의 문턱은 점점 더 낮아졌다. 결국 한 경매물건에 60~70명이 응찰하는 경우도 종종 생겨난 것이다.

실망하기는 이르다. 반값낙찰을 실현할 수 있는 경매고수의 길을 가르쳐주겠다. 각오 없이 기대만 하던 독자는 우울해질 것이고, 각오와 함께 계획을 할 수 있는 자가 기대를 가지고 있다면 더 큰 열정을 품을 수 있을 것이다.

반값낙찰 경매고수의 길 📍 Point

모두가 가는 길에는 답이 없다. 특수권리들이 포함되어 있는 난이도 물건에 도전하라.

1. '유치권', '법정지상권', '선순위가등기'와 같은 특수권리 중 딱 한 놈만 잡는다.
2. 선택한 특수권리에 대한 권리분석에 대해 자세히 배울 수 있는 서적을 파고든다.
3. 선택한 특수한 권리를 다루기 위해서는 명도소송은 피할 수 없다. 판례서적을 구매하여 파고든다. 그렇다고 암기할 필요는 없다.

1~3에 대해 어느 정도 공부한 뒤에는 '이제부터 시작이야. 어느 정도 난이도 있는 경매에도 자신 있어. 내가 공부한 내용에 부합하는 경매물건을 찾아보자'라는 마음이 든다면 하루속히 정신 차리길 바란다.

결론적으로 이야기하면 공부하고 판례서적을 통해 승자와 패자가 나누어진 사례의 기준들을 알았다고 하더라도 내가 해보지 않은 간접 경험일 뿐이다. 마치 내 경험으로 착각하지 마라. 실전은 그러한 사람들을 향해 야구방망이를 들고 뒤쫓아 오고 있다.

결론을 말하면 내가 공부한 물건을 실전 전문가의 도움을 받아 다루는 방법(사이클)을 직접 경험해 보아야 한다.

예를 들어 특수한 권리가 도사리고 있어 일반인들이 참여하지 않는 '유치권' 물건을 시세대비 30% 금액에 낙찰받고, 유치권자를 물리치는 데 성공하면 1억 원의 수익이 생긴다고 하자. 그럼 2,000만 원을 실전전문가에게 수수료로 지불하고 8,000만 원만 수익을 본다는 마음으로 해보아라. 실전에서는 내가 공부한 것과는 다르게 변수(야구방망이)들이 마구 휘둘러지는 것을 경험할 것이다. 그것을 직접 몇 번 반복하면, 진짜 '반값경매' 낙찰을 받는 고수의 길에 입문자가 되기 시작할 것이다.

처음부터 기운 빠지는 독자가 꽤 있을 것이다. 하지만 필자는 실망시키지 않겠다. 누가 보아도 좋은 쉬운 물건으로도 훌륭한 재테크를 할 수 있는 방법을 제시할 것이니 걱정 마시길!

경매초보자를 위한
최적화된 투자방법

◎ 2013년 1월 7일 ～ 2013년 1월 11일 [지지옥션: 주간낙찰 통계자료]

지 역	진행건수	낙찰건수	낙찰율(%)	감정가액(원)	낙찰금액(원)	낙찰가율
서 울	536	129	24.07	63,806,595,858	46,984,841,400	73.64
의정부	363	109	30.03	48,413,714,760	32,748,967,736	67.64
인 천	392	116	29.59	25,987,471,040	17,692,593,050	68.08
수 원	419	122	29.12	71,076,169,240	39,597,937,789	55.71
대 전	581	147	25.30	43,954,419,070	27,953,804,520	63.60
청 주	25	7	28.00	1,101,152,000	498,665,599	45.29
춘 천	369	168	45.53	16,998,388,997	14,034,671,559	82.56
부 산	103	30	29.13	8,600,680,170	8,341,044,100	96.98
울 산	0	0	0	0	0	0
창 원	196	43	21.94	5,160,373,198	4,484,138,500	86.90
대 구	207	82	39.61	11,729,327,218	8,404,761,057	71.66
광 주	279	102	36.56	9,087,721,465	6,876,027,448	75.66
전 주	347	117	33.72	14,029,498,250	10,673,658,790	76.08
제 주	40	15	37.50	1,405,298,000	1,416,763,477	100.82
전국	**3,857**	**1,187**	**30.78**	**321,350,809,266**	**219,707,875,025**	**68.37**

용 도	주 택	아파트	다세대	근린시설	토 지	공 장	차량중기	숙 박	기 타
낙찰가율	68.58	75.97	70.30	58.67	69.38	53.86	80.03	66.77	73.48

일주일간의 감정평가금액 대비 낙찰가율 통계이다. 이 통계 안에는 특수물건 30~40%대 낙찰된 물건들까지 반영된 것이기 때문에 누가 보아도 멀쩡한 물건 70%는 위 표의 평균 낙찰가율보다 조금 더 높다는 결론을 내릴 수 있다. 아파트의 경우, 현재와 같은 부동산침체국면에서는 감정평가금액을 시세와 같게 산정하였다고 하더라도 실제 경매입찰의 시기가 되어서는 시세가 감정평가금액보다 더 낮다. 결국 시세대비 낙찰가는 평균 80%를 넘는 것이 현실이다.

초보자가 가장 쉽게 접할 수 있는 아파트에 대입하여 심층 분석해보자. 아파트 경매물건 대부분의 낙찰자는 실수요자이다. 실수요자는 현 부동산경기를 반영해 급매가보다 조금 더 싸게 살 수 있다면 좋다. 하지만 아파트를 임대수익 목적으로 혹은 양도를 통해 시세차익을 목적으로 낙찰받는다면 응찰가로 낙찰받을 수 있을까? 투자자 입장에서 욕심 때문에 응찰가를 써 내기 어려울 것이다.

그렇다면 경매에 대해 '심층적으로 깊이 공부해 본 적은 없지만, 투자는 하고 싶은 사람'은 어떻게 해야 하는가?

지금부터 경매초보자를 위한 최적화된 투자방법을 공개하겠다.

소형평수지만 월세가 안정적인 아파트나 오피스텔을 찾아라

아파트 값이 하락을 하더라도 소형 아파트는 많이 떨어지지 않는다. 1~2인 가구들이 점점 더 많아지고 있기 때문이다. 특히 지방에 집중하는 것이 효과적이다.

수도권은 경쟁률이 높아 시세대비 90%를 웃돌아 낙찰되지만, 지방은 80%대 낙찰이 가능하다. 지방의 소형아파트 중에서도 대항력이 없는 임차인(낙찰 후 보증금 인수를 하지 않으며, 낙찰자에게 집을 인도해줘야 하는 위치에 있는 권리자)이 존재하는 물건으로 시세대비 80%대 낙찰받고 잔금 납부시기에는 낙찰가의 80% 금액을 제1금융권 금리 4%대에서 경락잔금대출을 받아라. 정상적으로 잔금 납부를 하면 본격적으로 임차인과의 재계약 명도협상을 이끌어내 바로 월세를 받아 대출이자를 충당시키고, 꾸준한 임대수익을 남길 수 있는 환경을 만드는 동시에 편안한 마음으로 중개업소에 매물을 내놓고, 때가 되었을 때 정상시세로 되파는 방법으로 가라.

아마도 대출금을 제외한 실제 현금 투자금액 대비 10% 이상의 수익률을 지속적으로 올리는 것이 어렵지 않을 것이다. 10%의 수익률은 예금, 주식, 채권, 금 등 어떤 자산의 평균수익률보다 높다는 것을 명심하라. 단 지속적이어야 한다.

> **참고** 아파트나 빌라와 같이 주택에 속하는 물건보다는 오피스텔을 선택하는 것이 효과적일 때도 있다. 오피스텔은 용도가 업무용이기 때문에 주택으로 보지 않는다. 따라서 1가구 주택자가 오피스텔을 한 채 더 취득했을 시 1가구 2주택자가 되어 세금을 내는 것이 아니라, 여전히 1주택자로서 주택 비과세 조건을 유지할 수 있게 된다.

그럼 이쯤에서 의문이 한 가지 들지 않는가? '반값경매도 아니고 과연 이렇게 해서 부자가 될 수 있을까?'

물론이다. 세계 부자 2위 워런 버핏은 30년 동안 단 한 번도 눈에

띨 만한 높은 수익률을 기록해 본 적이 없다. 그런데 세계 2위의 부자가 되었다. 오히려 워런 버핏이 기록하지 못한 높은 수익률을 기록한 투자자들이 대한민국에서만 별처럼 많았지만 결론적으로 워런 버핏과 우리들이 가진 부가 차이 나는 이유는 단 한 가지이다.

그는 매번 꼬박꼬박 배당(임대수익)을 주는 투자물건에만 투자했다. 그리고 그 투자물건의 배당액(월세)이 줄어들면 "나 안 해!" 하고 파는 한 가지 방식에 집중했다.

그게 바로 정답이다. 땅을 사놓고 20년을 묻어두었다가 개발계획 범위에 포함되어 시세대비 3배 높은 금액에 팔았다면 '땅 잘 팔았다'고 생각할 수도 있지만, 사실 엄청난 손실을 본 것이다. 만약 땅을 살 돈으로 좋은 물건을 사서 매월 임대수익을 받다가, 매매를 통해 매도수익까지 거두었다면 전자와 비교할 수 없을 정도의 수익을 거두는 것이다. 이것이 바로 워런 버핏의 투자원칙이자, 그를 세계 부자 2위로 만들어준 시크릿이다.

♥ Point

지방 소형아파트물건 검색 → 대항력 없는 임차인 점유 중인 물건 선택 → 시세대비 80%대 낙찰 → 낙찰가 대비 80% 대출(제1금융권 금리 4%대) → 임차인 재계약 또는 명도 → 월세(임대료)에서 대출이자 충당 후 나머지 수익 → 중개업소에 일반 시세로 매매의뢰 → 내가 원하는 가격협상이 되었을 때 편안한 마음으로 매매
※주택보다는 오피스텔이 유리(주택은 1세대 2주택자에 대한 양도소득세, 중과세 부여)

'리스크에 투자하라!'는 누구를 위한 말인가?

부자가 돈을 벌고, 부자의 리스크는 리스크가 아니다. 상상을 한번 해보자. 감정가가 100억인 경매물건이 수차례 유찰되어 10억에 낙찰 받을 수 있게 되었다. 하지만 본 물건은 소유권에 대한 분쟁으로 소송 중에 있는 물건이라, 낙찰받고 난 뒤에 진행 중이던 소송결과가 잘못 되면 소유권 자체를 빼앗겨 낙찰받은 10억 원을 전부 날리고 소유권 까지 빼앗길 수 있다(예고등기 물건). 만약 소송결과가 낙찰자에게 영 향이 없는 판결이 나온다면 그 자리에서 100억짜리를 10억에 낙찰받 고 90억 원의 시세차익을 누릴 수 있게 된다.

소송에서 이길 확률과 패할 확률이 반반이라면 묻겠다. 당신의 전 재산이 10억이다. 위 물건을 10억 원에 낙찰받겠는가? 만약 받는다면 좀 이상한 사람일 것이다.

전 재산 10억을 투자해 성공한 사람은 리스크를 극복한 성공스토리로 TV에 나올 수 있겠지만, 10에 9는 깡통 차고 노숙자가 되어버린다. 이때 10억이 있는 사람이 한 선택은 '투자'가 아닌 '투기'다.

하지만 당신의 재산이 2,000억이라면 투자를 할 것인가 안 할 것인가? 당연히 할 것이다. 50%의 확률인 물건을 두 건 낙찰받아 한 가지만 목적대로 이루어져도 90억의 수익을 누릴 수 있기 때문이다. 이것을 '투자'라고 하는 것이다. 2,000억 원이 있는 사람은 리크스가 아니고 자신이 통제 가능한 범위 안에서 계획한 것이다. 그래서 '돈이 돈을 벌어준다'는 말을 하는 것이다.

이것을 재테크 개념으로 가지고 오면 우리가 지금 얼마나 어리석은 일을 반복하고 있는지 알 수 있다. 여유가 있는 사람에게 리스크는 '게임'이다. 하지만 여유가 없는 사람에게 리스크는 '생존게임'이다. 서점이나 TV에서도 종종 듣고 볼 수 있는 '리스크를 즐겨라', '리스크에 올인하라'라는 말을 하는 당사자가 즐겨야 할 것을 남들에게 하라고 하고 있는 것이다.

예를 들어 은행에 돈을 맡겨 이자를 받는다. 받게 될 이자를 지구상에서 가장 위험한 투자인 옵션에 투자한다. 재수 없으면 전부 날릴 것이고, 성공하면 수백 배 대박이 터질 것이다. 실제로 성공하면 원금대비 30% 수익률을 불과 한 달 만에 얻게 되는 경우도 있다. 하지만 모두 날려도 원금은 준다. 이자만으로 투자를 했기 때문이다.

이런 재테크상품의 구조가 시사하는 바는 굉장히 크다. 자신이 계획 가능한 범주에서는 엄격하고 안전하게 지속적으로 통제해야 한다. 그 범주를 벗어나는 잉여(남는 것)는 최고의 변동성을 가진 레버리지가 큰 상품(경매물건)에 투자해도 괜찮다는 것이다. 따라서 내가 선택하는 물건의 변동성과 리스크의 크기는 내가 가진 잉여자산의 크기와 반비례한다. 그렇기 때문에 부자는 더 부자가 되는 것이다.

리스크를 무시하고 고소득을 올리고자 하는 분들께 마지막으로 이야기한다. 지속적이고 안정적인 수입이 매월 보장되고, 그 수입이 쌓이고 있는 상태가 가장 중요하다는 것을 바르게 알고 유지한 상태에서 그 외에 잉여를 리스크에 투자해서 꿈을 맡겨라. 밑져야 본전인 투자를 해야 한다. 나를 투자하는 것이 아닌 잉여를 투자하는 것이고, 투자를 많이 하고 싶고 리스크를 즐기고 싶으면 잉여를 많이 만들어내야 한다.

경매에 있어서 리스크가 큰 경매물건은 '특수한 권리'들이 권리주장을 하는 복잡한 물건들이다. 이런 물건에 투자하고 싶지만 잉여가 없고 나 자신을 던져 투자를 해야 한다면 매월 안정적으로 임대수익을 주는 경매물건부터 여러 개 낙찰받아 해당 물건에 대한 대출이자를 내고 남는 임대수익에 일부를 쌓고 쌓아 그 잉여로 특수물건을 낙찰받아 '게임'을 하라는 것이다.

경매에 관심을 갖게된 당신은 행운아다. 경매는 주식투자와 같은 성격과 다르게 전문가와 함께 꼼꼼히 분석하고 따져서 리스크에 투자를 한다면 사실 목적달성 확률이 굉장히 높다. 경매는 법률문제이기 때문에 꼼꼼히 분석하고 준비한 만큼 리스크는 급격히 줄어든다.

Secret 2

권리분석의
비밀

권리분석 요령껏 해도
누구보다 정확히 할 수 있다

전문가로서 권리분석 VS 투자자로서 권리분석

전문가로서 권리분석

경험해보지 못한 수많은 권리분석유형들까지 하나부터 백까지 꼼꼼히 공부하고 연구하여 그 어떤 물건의 권리관계를 보아도 정확히 이해하고 그것을 바탕으로 그려진 가이드라인대로 실행을 할 수 있다.

즉, 권리분석 전문가가 되는 것이다. 하지만 실제로 쉽게 80% 이상 경험해보지 못하는 권리분석 유형과 사례들은 시간이 갈수록 머릿속에서 퇴색되기 때문에 주기적으로 다시 복습해야 한다. 또한 이러한 유형의 사람은 너무 많은 것을 알아 두려움이 많고 의심이 많게 되며, 실전투자를 하는 데 있어서 10명 중 9명은 묘하게도 눈에 띄는 성과를 내지 못한다. 하지만 실전투자자들에게 굉장히 큰 도움을 줄 수 있다.

투자자로서 권리분석

이들은 딱 '말소기준권리'와 '임차인 권리관계' 2가지만 알고 있다.

1. 말소기준권리: 근저당, 저당권, 압류(가압류), 담보가등기, 경매개시결정등기[나열한 권리 중에서만 말소기준권리 가능]

나열한 등기권리들 중에서 가장 빠른(날짜) 순위에 있는 권리가 말소기준권리가 되어 기준권리보다 늦게 기입된 권리들은 원칙적으로 소멸된다.(비인수 사항) 하지만 말소기준권리보다 앞서 기입되어 있는 것은 원칙적으로 낙찰자가 인수를 해야 하는 것으로 인식하고, 그 부분만 그때그때 전문가에게 자문을 구해 정말 인수인지 인수해야 하는 권리라면 얼마의 금액을 부담하여 권리를 소멸시켜야 하는지 아니면 소멸시키는 것이 불가능한지를 파악한다. 자신에게 해당사항이 있을 때 하나하나 특이사항들을 익혀나간다.

2. 임차인보증금 권리: 주택임대차 보호법상의 임차인 보증금 인수 및 소멸에 대한 내용

인수 말소기준권리보다 **앞선 날짜**로
　　　 주민등록 이전(전입신고) + 주택인도(점유)를 갖춤
소멸 말소기준권리보다 **늦은 날짜**로
　　　 주민등록 이전(전입신고) + 주택인도(점유)를 갖춤

위 2가지 내용만을 익히고 말소기준권리보다 앞서는 권리가 있거나, 말소기준권리보다 앞서는 선순위임차인이 존재한다면 그때마다 전문가에게 자문을 구해 익혀나간다면 투자자로서 가장 현명한 방법이 될 것이다.

즉 전문가가 되고 경매투자를 하는 것이 아니고 전문가가 되면서 경매투자를 하는 것이 옳다. 자신의 능력 안에서 모든 것을 해내고자 하는 것은 아마추어이며, 해당 분야에 많은 전문가들의 의견들을 경청하고 조합하여 객관적인 답을 찾아내는 것이 프로다.

권리분석 전문가가 되고 싶다면 민사집행법, 민사소송법, 민법, 공시법을 알아두자. 권리분석을 폭넓게 잘할 수 있다. 실전 투자자가 되고 싶다면 아래 있는 권리분석 기초만은 꼭 알아두자. 기초지식을 조금 더 탄탄히 하고자 한다면 길문섭의 《혼자서도 잘할 수 있는 부동산 권리분석(만화)》을 통해 익히길 권장한다.

<table>
<tr><td rowspan="7">말소
기준권리</td><td colspan="7">1. 근저당, 저당권, 압류(가압류), 담보가등기, 경매개시결정등기
2. 아래 표에서는 말소기준권리가 될 수 있는 근저당권과 가압류 중에
가장 선순위에 있는 북악[새마을금고]이 말소기준권리가 되어 후순위
모든 권리 소멸(원칙)</td></tr>
</table>

	1. 근저당, 저당권, 압류(가압류), 담보가등기, 경매개시결정등기
말소 기준권리	2. 아래 표에서는 말소기준권리가 될 수 있는 근저당권과 가압류 중에 가장 선순위에 있는 북악[새마을금고]이 말소기준권리가 되어 후순위 모든 권리 소멸(원칙)

등기권리	권리자	등기일자	채권액	등기배당액 배당총액	말소여부	비고
근저	북악[새]	2009-02-26	480,000,000	318,795,420	말소	말소기준권리
가압	정영회	2012-02-08	8,000,000	0	말소	
가압	KB국민카드	2012-05-04	6,961,113	0	말소	
가압	서울신용보증재단	2012-07-10	9,639,000	0	말소	
강제	정영회	2012-08-07	7,300,000	0	말소	경매기입등기

	3. 모두 소멸이 되고 인수되는 권리가 없는 것으로 확인 4. 그 외 있을 수 있는 선순위임차인, 토지별도등기, 선순위지상권, 선 순위가처분 등 전문가를 통해 확인하여 논리적으로 이해하고 익히며 투자 결정
임차인분석	주택임대차보호법, 상가임대차보호법의 핵심내용 대항력의 기준, 확정일자, 소액임차인최우선변제금액과 기준 주택임대차보호법/ 상가임대차보호법 핵심내용 요약(p.247 참고)

10초 권리분석의 진실

경매 강연이나 재테크를 주제로 다루는 TV를 보다 보면 '자칭' 전문가들이 이렇게 한 번씩 이야기한다.

"저는 권리분석을 10초 안에 합니다."

하다못해 권리분석을 '몇 초 안에 하는 사람'이라는 솔깃한 소재의 책들도 많다.

진실일까? 거짓일까? 답은 진실이다.

하지만 등기부등본을 직접 보고 분석한다면 불가능하다. 등기부등

◎ 임차인 현황 최선순위 설정일자 : 02.03.15(근저당권) 배당종기일 : 2011-06-20　　　

임차인	점유부분	보증금액 보증금/월세	전입일/확정일 /배당요구일	대항력	기타
임정기	일부 (방1칸)	보증금 40,000,000	전입신고 : 2011-03-08 확정일자 : 2011-03-08 배당요구 : 2011-05-24	없음	주거임차인
참고사항					

◎ 입찰 참가 전 주의내용

매각으로 소멸되지 않은 등기부 권리	해당사항 없음
매각으로 설정된 것으로 보이는 지상권	해당사항 없음
주의사항	한강극동아파트 106동 11층 1106호 : 본건 목적물 소재지에 출장한 바, 문이 잠겨 있고 거주자가 부재 중이어서 조사하지 못하였음. 관할 동사무소에 주민등록등재자를 조사한 바, 소유자 김종범,세대주 임정기가 등재되어 있음.

◎ 등기부등본요약(집합건물)

*	일자	권리	권리자	권리금액	소멸/인수	비고
1	1997-03-03	소유권 이전	김종범		소멸	
2	2002-03-15	근저당권	(주)국민은행	120,000,000 원	말소기준	
3	2007-05-29	근저당권	(주)우리은행	700,000,000 원	소멸	
4	2010-06-17	압류	근로복지공단		소멸	
5	2010-10-26	압류	국		소멸	
6	2011-04-12	강제경매개시결정	김태범	15,000,000 원	소멸	
7	2011-04-26	근저당권 이전	신용보증기금	266,082,347	소멸	
8	2011-05-16	임의경매개시결정	(주) 우리은행		소멸	
9	2011-09-29	임의경매개시결정	(주) 국민은행		소멸	

사이트: 우리옥션

본을 1~2장 넘기는 데도 이미 10초는 지나간다. 날짜와 채권자만 간단히 파악하려고 해도 10초는 금방 지나간다.

'10초 권리분석의 진실'은 인터넷 경매사이트 검색 후, 어느 사이트든 선택해서 무료로 회원가입하고 경매물건을 검색하여 클릭하는 순간 알게 된다. 한눈에 말소기준권리가 보이고 소멸되는 권리와 인수되는 권리까지 한눈에 표로 정리되어 나타난다. 이렇게 대법원경매홈페이지가 아닌 인터넷 사이트를 통하여 경매물건을 검색하면 현재 필자의 책을 한 번만 읽은 사람도 표를 보고 10초 안에 권리분석이 된다.

참고로 우리옥션사이트에서는 경매물건을 검색하면서 궁금한 점에 대한 1:1채팅상담을 실시간으로 할 수 있어 초보자들에게 좋은 길잡이가 될 수 있다.

선순위 권리분석의 포인트

경매사이트를 통해 경매물건을 보다 보면 가지각색의 선순위(인수) 권리들이 존재한다. 선순위(인수)권리가 있는 것처럼 분석되어 나오는 순간, 경매초보 응찰자들은 이미 뒤로 한걸음 물러나기 때문에 경매 입찰 당일 응찰자가 적으며, 더욱 낮은 가격에 높은 수익률을 만들어 낼 수 있다.

물론 분석할 수 있는 능력이 있고 핵심을 파고들어 선순위(인수)권리를 해부한 뒤, 인수해야 하는 것인지 아니면 인수를 해야 할 것처럼 보이기만 했는지를 파악할 수 있어야 한다. 그러한 눈을 갖는 순간 이미 경매를 통해 나 자신이 만들어 낼 수 있는 수익률은 일반 경매인들과는 확연히 차이가 날 것이다.

1. 선순위 임차인이 있다

선순위 임차인 분석에 대한 포인트를 알기 위해서는 〈주택임대차보호법상의 소액임차인 기준〉과 함께 보아야 하기 때문에 첨부한다.

기준일 (최초 담보물권 설정일자)	지역	보증금 한도	최우선변제금 (변제금액)
(A)1984.01.01~1987.11.30	① 서울시, 광역시(군 지역 제외)	300	300
	② 그 밖의 지역	200	200
(B)1987.12.01~1990.02.18	① 서울시, 광역시(군 지역 제외)	500	500
	② 그 밖의 지역	400	400
(C)1990.02.19~1995.10.18	① 서울시, 광역시(군 지역 제외)	2,000	700
	② 그 밖의 지역	1,500	500
(D)1995.10.19~2001.09.14	① 서울시, 광역시(군 지역 제외)	3,000	1,200
	② 그 밖의 지역	2,000	800
(E)2001.09.15~2008.08.20	① 서울시, 인천시, 수도권 과밀억제권역 광역시	4,000	1,600
	② 광역시 (군지역, 인천시 제외)	3,500	1,400
	③그 밖의 지역	3,000	1,200
(F)2008.08.21~2010.07.25	① 서울시, 인천시, 수도권 과밀억제권역 광역시	6,000	2,000
	② 광역시 (군지역, 인천시 제외)	5,000	1,700
	③ 그 밖의 지역	4,000	1,400
(G)2010.07.26~2013.12.31	① 서울시	7,500	2,500
	② 수도권 과밀억제권역	6,500	2,200
	③ 광역시, 김포시, 광주시, 용인시, 안산시 (군 지역 제외)	5,500	1,900
	④ 그 밖의 지역	4,000	1,400
(H)2014.01.01~2016.03.30	① 서울시	9,500	3,200
	② 수도권 과밀억제권역	8,000	2,700
	③ 광역시, 김포시, 광주시, 용인시, 안산시 (군 지역 제외)	6,000	2,000
	④ 그 밖의 지역	4,500	1,500
(I)2016.03.31~	① 서울시	10,000	3,400
	② 수도권 과밀억제권역	8,000	2,700
	③ 광역시, 김포시, 광주시, 용인시, 안산시 (군 지역 제외)	6,000	2,000
	④ 그 밖의 지역	5,000	1,700
(J)2018.09.18~	① 서울시	11,000	3,700
	② 수도권 과밀억제권역(세종, 용인, 화성)	10,000	3,400
	③ 광역시, 김포시, 광주시, 안산시, 파주시(군 지역 제외)	6,000	2,000
	④ 그 밖의 지역	5,000	1,700

선순위 임차인 존재한다는 것은 주택의 경우 앞서 말한 권리분석 방법 중에서 말소기준권리가 기입된 등기날짜보다 '주민등록이전(전입신고)+주택인도'의 날짜가 빠르면 선순위 임차인으로서 대항력을 갖춘 임차인이 되는 것이다.

이러한 선순위임차인은 낙찰 후 낙찰자가 임차보증금을 인수해야 한다는 문제가 있기 때문에 경매에 있어서 고려 대상이며, 금액이 클 시에는 인수해야 하는 보증금을 제외한 금액으로 응찰해야 한다. 이 때문에 수차례 경매물건이 유찰되어 감정가대비 24%, 46% 등에 낙찰이 된다. 그러다 보니 선순위임차인이 있는 물건은 경매초보자들이 기피하는 경우가 많이 있는데, 기피 대상이 아닌 오히려 조금 더 줄어든 경쟁 입찰을 통해 더 낮은 응찰가로 낙찰받을 수 있는 경우도 많이 있기 때문에 꼭 알아두어야 한다.

예1 서울특별시 소재의 한 아파트					
등기부등본 말소기준권리 : ○○은행 2011-01-01					
임차인 권리	전입자	전입일 (대항력)	배당요구 및 보증금	예상배당액	인수有/無
	김말똥	2010-07-26 (있음)	요구 2,000만 원	전액	無

위 표와 같은 임차인이 있다고 하자. 위 임차인은 2010년 7년 26일에 전입신고를 함으로써 말소기준권리보다 빠른 날짜로 대항력을 갖춘 선순위 임차인이다. 인수해야 할까?

아니다. 위 소액임차인 최우선변제표를 보아라. 소액임차인최우선변제표는 말소기준권리를 기준으로 한다. 말소기준권리가 2011-01-01에 기입되었으니 소액임차인최우선변제 표에서는 [2010-07-26~현재] 칸에 있는 금액을 보면 서울특별시의 경우 보증금 7,500만 원 이내의 보증금인 경우 2,500만 원까지 배당을 해주겠다는 내용이다. 말대로라면 위 임차인은 법원의 통지에 따라 배당요구를 함으로서 보증금 2,000만 원 전액을 배당받는다. 결론적으로 위와 같이 소액임차인최우선변제금액을 전액 배당받을 수 있는 임차인은 인수해야 하는 보증금의 임차인이 아닌 낙찰 후 단순명도의 대상일 뿐이다. 따라서 소액임차인 최우선변제를 통해 보증금 전액을 배당받는 선순위임차인은 보증금 인수 없이 단순명도대상이다.

예2 서울특별시 소재의 한 아파트 (예상낙찰가: 2억)

임차인 권리	전입자	전입일 (대항력)	확정일자	배당요구 및 보증금	예상배당액	인수有/無
	김개똥	2010-07-26 (있음)	2010 -07-26	요구 9,000만 원	전액	無

등기부등본 말소기준권리 : ○○은행 2011-01-01

두 번째 유형의 경우에는 보증금이 9,000만 원이다. 소액임차인 최우선변제표를 아무리 뒤져보아도 안타깝게도 서울특별시의 경우 2010년 기준 보증금의 범위가 7,500만 원이 넘는다면 2,500만 원은커녕 100원도 받지 못한다. 그럼 인수해야 하는가?

아니다. 바로 위 김개똥 씨의 경우 임대차 계약서를 적고 동사무소에서 전입신고와 동시에 계약서에 확정일자를 받았다. 확정일자의 효력은 등기부등본에 있는 권리들이 순서에 맞춰 낙찰금액에서 배당을 해달라고 줄 서 있는데 그 사이를 날짜 순서에 따라 줄을 선 뒤 순위배당을 받을 수 있는 권리이다. 그럼 소액임차인최우선변제의 범위에서 벗어났다고 하더라도 전입신고가 되어 있는 전제하에 배당요구를 했기 때문에 확정일자에 따른 순위배당을 받을 수 있다.

결국 김말똥 씨는 경매낙찰가가 2억이라면 말소기준권리보다 앞서 당연히 9,000만 원 전액을 1순위로 배당받아 낙찰받은 뒤 보증금을 인수하지 않는 단순명도의 대상이 된다. 하지만 낙찰가가 자신의 보증금에도 미치지 못하게 적다면 부족한 만큼을 배당받지 못하기 때문에 낙찰자가 인수해야 하는 사태가 발생할 수 있으니 예상낙찰가의 정확한 예측이 중요하다.(정확한 예상낙찰가 범위를 예측하기 위해서는 현장조사를 바탕으로 정확한 분석의 능력이 필요하다. 아파트나 빌라의 경우는 경매사이트를 통해 동종 및 인근 낙찰사례를 통해 비교적 예측이 쉬우니 참고하기를 바란다.)

예3 서울특별시 소재의 한 아파트 (소유자: 김내꺼, 거래시세: 3억)

등기부등본 말소기준권리 : ○○은행 2011-01-01

임차인 권리	전입자	전입일 (대항력)	확정일자	배당요구 및 보증금	예상배당액	인수有/無
	김닭똥	2010-07-26 (있음)	없음	안 함 / 모름	전액	有

위 표와 같은 물건들은 정말로 초보자들이 어려워하는 물건이다. 김닭똥 씨는 전입신고 날짜로는 말소기준권리보다 앞서 선순위임차인이라고 경매사이트에 표시는 되어 있지만, 확정일자도 없고 법원에 배당요구도 안 해 최우선변제도 못 받고 법원에서 현황조사를 나갔을 당시 점유자들이 없어 계약관계 및 보증금도 확인되지 않았다.

이때 초보자들은 10명이면 9명이 즉시 다른 물건들을 찾기 시작한다. 하지만 적어도 필자의 책을 읽은 사람이라면 두드려 보아라. '비밀열쇠'를 찾아 행복에 겨운 수익률을 기록할 수도 있을 것이다.

비밀열쇠

1. 본 경매물건에 대출을 해준 은행 '채권관리팀'에 열쇠가 있을 수 있다.

해당 김닭똥 씨가 전입신고를 한 이후 등기부등본에 기입된 은행의 저당권을 보면 해당은행의 지점을 확인할 수 있다. 해당 은행에 전화를 해보아라. 느낌이 오는가? 어느 은행이든 돈을 빌려주기 전에 선순위임차인이 있다면 경매에 넘어갔을 시 은행보다 먼저 채권회수(배당)를 하게 되는데, 그 금액을 제외하지 않고 돈을 빌렸겠는가? 혹은 현 시세대비 80%에 육박하는 돈을 빌려줬다면 당연히 돈을 빌리고자하는 소유자를 통해 김닭똥 씨에 대한 실체를 확인했을 것이다.

예) 무상거주확인서, 임차인이 아니라는 확인서 등

은행의 '채권관리팀'으로 전화해 보자. 사건번호를 이야기하고 전입되어 있는 김닭똥 씨의 실체에 대해 물어 보아라. 아마도 개인정보이기 때문에 잘 가르쳐 주지 않으려 할 것이다. 그렇다고 당신은 포기할 것인가? 그렇다면 선순위임차인을 통한 고수익도 함께 내려놓아라. 채권관리팀 부서에서 대부분이 이렇게 이야기할 것이다.

채권관리팀 : 개인정보이기 때문에 말씀드릴 수 없습니다.
질문자 : 그래도 돈을 빌려줄 때 김닭똥 씨에 대한 확인도 없이 빌려줄 만큼 은행이 허술하지 않잖아요.
채권관리팀 : 물론 그렇죠. 낙찰받고 나서 말씀하세요.
질문자 : (말이 되는가? 뭘 알아야 낙찰받지.) 현재 이 은행에서 1억 넘게 대출을 해주었는데, 이 부분을 모르면 전 1억도 못 씁니다. 남들도 다 같은 생각이 들지 않을까요?

위 채권관리팀의 마지막 말은 현재 김닭똥(임차인) 씨가 임차인이 아니라는 증명서류를 가지고 있다는 뜻이다. 그 증명서류만 있다면 낙찰을 받고 낙찰금액에 대한 대출도 정상적으로 받을 수 있으며, 또 경쟁자가 적어 비교할 수 없는 수익률을 실현할 수 있는 금액으로 낙찰까지 받을 수 있다. 단 해당 채권관리팀이 누구에게나 그렇게 알려 줬다면 그만큼 응찰자는 많아질 것이고, 생각만큼의 큰 수익률이 나지 않을 수도 있다는 점도 함께 참고하자.

2. 전기, 수도, 가스요금을 조회하며 물어보라.

전기는 한전, 수도는 수도공사, 가스는 도시가스회사를 114를 통하여 해당 구와 동을 관할하는 지점의 번호를 물어본 뒤 전화를 걸어 일단은 미납요금을 확인하며 함께 물어보라. 현재 요금을 납부하고 있는 명의가 누구인지.

만약 사용요금을 납부해 주고 있는 명의가 현소유자나 소유자의 배우자라면 '김닭똥' 씨는 임차인이 아니다. 생각해보라. 당신이 어느 한 주택에 전세를 살고 있는데, 주인집에서 당신이 사용하는 전기, 수도,

가스 등의 요금을 대신 내주고 있다? 당신이 소년소녀가장이 아닌 이상 그럴 일은 상식적이지 않다. 결론적으로 납부하는 명의자가 소유자 또는 소유자의 배우자라면 임차인이 아니기 때문에 인수해야 하는 보증금은 없으며 단순명도의 대상이다.

3. 현장을 통해 직접 확인하라.

아무리 보아도 의심이 들고 선순위임차인이 아닌 것 같다는 예감이 강하게 든다면 현장으로 출동해보자.

① 경비실부터 찾는다.

해당 경매물건의 아파트 호수에 차량은 몇 대 쓰는지, 차량등록 명의자는 누구로 되어 있는지부터 체크해보자. 반갑게도(28나1080-김내꺼(소유자)/27마2070-김닭똥(임차인)) 이렇게 기록이 되어 있다면 임차인이 아닌 가족관계일 가능성이 크다.

② 해당 호수의 우편함을 확인하라.

김닭똥이 실제 거주하고 있는지, 김닭똥 외에 어떤 명의의 우편이 오고 있는지 체크해보아라. 그 안에 현 소유자의 명의도 함께 있을 수 있다. 두 번째까지 확인이 되었다면 임차인이 아닌 것 같다는 확신이 더욱 커졌을 것이다.

③ 주변 중개업소를 가라.

중개업소에 들어가 소유자가 현 매물에 대해서 빚을 끌어안고 낮은 금액으로라도 매매하고자 내놓진 않았는지부터 자연스럽게 이야기를 시작한다. 정중하게 선순위임차인으로 보이는 '김닭똥' 씨에 대하여 아는 부분은 없는지 물어보자. 의외로 좋은 단서가 나올 수 있다.

④ 관리사무실의 관리소장을 찾아라.

관리소장이 임차인이 아니라는 결정적인 단서를 줄 수 있다. 위와 같이 주변 관계자들을 통해 물어보고자 할 때는 나의 지갑을 한번 열어보자. 최소한 목이라도 달콤하게 축일 음료수를 사서 준다면 받은 만큼은 협조하고 싶어지는 것이 사람 심리인지라 더욱 효과를 발휘할 수 있을 것이다.

결론적으로 앞서 이야기한 첫 번째부터 세 번째 비밀열쇠까지 시행을 해보고도 단서가 잡히지 않는다면 그 물건은 포기하는 것이 좋다. 하지만 만약 단서가 잡힌다면 당신은 분명 일반 물건과는 비교할 수 없는 수익률을 실현할 수 있을 것이라고 필자는 확신한다. 🗝

2. 선순위지상권이 있다

지상권이란?
타인의 토지에 건물 기타 공작물이나 수목을 소유하기 위하여 그 토지를 사용하는 물권. 말 그대로 지상권이라는 것은 자신의 토지가 아닌 타인의 토지를 사용하고자 할 때, 그에 대한 지료를 내고 법률적으로 임대차관계와 같이 사용하는 것을 말한다.

말소기준권리보다 앞서 설정되어 있는 선순위지상권이 있는 토지를 낙찰받게 된다면? 아마도 경매시장에서 상상하기도 싫은 최악의 시나리오가 펼쳐질 수 있다. 아직 소개하지는 않았지만 법정지상권이 성립되어 있는 토지를 낙찰받은 경우는 풀어갈 수 있는 해법들이 다양하게 존재하지만, 선순위지상권은 그야말로 아무짝에도 쓸모없는 애물단지 토지에 불과하다. 아마도 이러한 상식은 경매를 하는 많은 사람들이 이미 알고 있기 때문에 경매에 응찰할 사람은 거의 없다. 하지만 거의 없다는 말은 소수가 있다는 것이다. 필자의 책을 읽는 독자들은 이 소수의 수익모델을 알아야 한다.

은행에서 설정하는 지상권은 두 눈 부릅뜨고 자세히 보라

필자 또한 소유하고 있는 토지의 50% 이상이 선순위지상권이 설정되어 있던 토지이다. 그리고 그 토지들은 전부 은행의 근저당권이 등기부등본에 존재하고 있고, 해당 은행이 지상권을 설정해놓은 경우이다. 그렇다면 은행은 왜 돈을 빌려주면서 지상권을 설정할까? 일반 건축물과 같이 빌려 준 금액에 대하여 해당 담보목적물에 대한 저당권 설정 하나만으로 충분할 텐데 말이다. 그 이유를 생각해보자.

만약 은행이 10억짜리 토지에 7억을 빌려주면서 해당 토지를 담보 잡아 놓았는데, 돈을 빌려간 토지 소유자가 해당 토지에 건축물을 건축하거나, 나무들을 빽빽이 심어 조경사업을 하다가 담보로 잡힌 토지가 경매로 넘어간다면 경매응찰자들이 10억짜리 토지 가치에 적정한 금액으로 응찰할까? 아니다.

낙찰 후, 토지를 자유롭게 이용할 수 없을 뿐만 아니라, 토지 위에 목적물을 마음대로 철거할 수도 없게 만드는 '법정지상권'이라는 권리까지 등장해 '무용지물' 토지가 된다. 낙찰가가 하염없이 떨어져 2억대에 낙찰되면 7억을 빌려준 은행이 배당받을 수 있는 돈은 과연 얼마나 될까?

그렇다. 그래서 은행은 해당 토지에 지상권을 설정하는 것이다. 지상권을 설정하면 돈을 빌려간 소유자가 건축행위 등을 하고자 할 때 지상권자인 은행의 동의를 받지 않고서는 지을 수 없다.

바로 이러한 경매물건은 선순위로 지상권이 설정되어 있다고 하더라도 지상권자가 은행이고, 해당 은행의 근저당권까지 설정되어 있다면 선순위지상권임에도 불구하고 소멸되는 권리가 된다. 즉 은행에 선순위지상권과 말소기준권리가 둘 다 있거나, 말소기준권리가 아니더라도 선순위지상권자가 있고 말소기준권리 아래에 해당 은행의 근저당권이 있더라도 경매하는데 큰 문제가 없다.

❶	소유권 김말똥 2010.01.10	
❷	지상권　○○우리신협 2010.02.11	선순위지상권
❸	저당권　○○우리신협 2010.02.11	말소기준권리

앞으로는 선순위지상권이 설정되어 있는 경매물건은 자세히 들여다보길 바란다. 일반인들은 선순위지상권의 끔찍한 위력을 아는 터라, 당연히 응찰하지 않을 테니 가격이 하염없이 떨어진다. 따라서 위와 같은 권리분석 결과를 통해 선순위지상권이 해결될 수 있다면 고수익이 실현될 수 있다.

위와 같은 사례가 말소됨을 증명하는 판례의 판시사항을 소개한다.

📖 판례

[대법원 1991. 3. 12.선고 90다카27570 판결]
【판결요지】
토지를 매수하여 그 명의로 소유권이전청구권보전을 위한 가등기를 경료하고 그 토지상에 타인이 건물 등을 축조하여 점유 사용하는 것을 방지하기 위하여 지상권을 설정하였다면 이는 위 가등기에 기한 본등기가 이루어질 경우, 그 부동산의 실질적인 이용가치를 유지 확보할 목적으로 전 소유자에 의한 이용을 제한하기 위한 것이라고 봄이 상당하다고 할 것이다. 가등기에 기한 본등기청구권이 시효의 완성으로 소멸하였다면 그 가등기와 함께 경료된 위 지상권 또한 그 목적을 잃어 소멸되었다고 봄이 상당하다.
해설 : 근저당권의 담보권 강화를 위하여 설정된 지상권이라면 그것이 선순위이든 후순위이든 불문하고, 근저당권의 소멸과 함께 지상권도 실효한다는 내용인 만큼, 앞선 사례는 나름 훌륭한 수익 모델이 될 수 있을 것이다.

3. 배당요구를 한 선순위전세권자와 하지 않은 선순위전세권자

선순위전세권 또한 초보자들이 보았을 때 보증금을 인수해야 하는 대상으로 의식하고, 골치 아프다고 생각하는 경우가 많다. 하지만 외면하기 전에 이것만이라도 체크해 보자.

배당요구를 한 선순위전세권

배당요구를 한 선순위 전세권자는 낙찰금액에 따라 앞선 순위로 전액 배당받을 수 있기 때문에 낙찰을 받아도 인수보증금 없이 단순명도의 대상이다. 물론 경쟁률은 일반 물건만큼 높을 수 있다.

배당요구를 하지 않은 선순위전세권

보통 무협지 같은 책을 쓰는 저자들이 이렇게 설명을 자주 하곤 한다. "전세권자의 보증금 전액을 인수해야 하기 때문에 응찰결정을 한다면 인수금액을 반영하여 응찰가를 결정해야 한다. 하지만 대부분의 경매초보자분들은 전세보증금을 전액 인수해야 한다는 것 하나만으로 다른 물건을 찾아 나서는 것이 보통의 경우이기 때문에 경쟁률이 적어져 오히려 '인수해야 할 보증금+실현할 수익률'을 계산한 응찰가로 낙찰이 될 가능성이 높아진다. 이유는 그만큼 응찰자가 적어지기 때문이다."

그럴싸해 보이는 설명이나, 답은 천만의 콩떡 만만의 콩떡이다. 정

반대의 경우가 오히려 많다. 경매시장이 대중화되면서 경매인들의 지식수준이 높아져 인수해야 하는 선순위전세권이 있는 경우, 해당 경매물건에 관심을 갖는 많은 이들이 자신이 '인수해야 하는 보증금+실현하고자 하는 수익률'을 감안하여 응찰가를 적어낼 수 있는 최저가까지 유찰을 기다린다. 극단적으로 감정가 대비 24%까지 최저가로 떨어지면, 경매사이트들을 통해 수많은 경매인들에게 몇 배로 많이 노출될 것이고, 선순위전세권의 보증금을 인수하고도 남는 수익률의 응찰금액으로 몇 배 많은 경쟁이 되는 경우가 많다. 경쟁자 숫자에 따라 낙찰가는 언제나 정비례하여 올라간다. 이 점을 꼭 참고하고 잘 판단하여 오히려 다른 경매물건을 찾아보는 것이 나을 수 있다.

4. 선순위가등기가 있다

가등기란?
본등기의 순위보전을 위하여 하는 예비등기(부동산등기법 3조). 말 그대로 소유권이전에 대한 예비등기이다. 말소기준권리보다 선순위일 경우 낙찰 후 가등기는 말소되지 않고 그대로 권리가 남아 있으며, 낙찰 후 언제든지 가등기권자가 본등기를 하는 순간 소유권은 내 손에서 휴지조각이 되어 날아가 버린다.

선순위가등기가 등재되어 있는 경우는 어떨까? 필자가 유형별로 반응을 살펴보면 초보분들은 잔뜩 겁을 먹고 피할 것이다. 그리고 경매중수 급들은 일단 가진 지식으로 검토는 해보겠지만, 큰 메리트는 느끼지 못해 이내 다른 물건을 찾을 것이다. 그러나 경매고수들은 어부가 바다 속 보이지 않는 물고기 떼 냄새를 직감적으로 맡고 쫓는 것처럼 알아차린다.

'상대를 알고 나를 알면 백번 싸워도 위태롭지 않다(知彼知己百戰不殆)'와 같은 말처럼 우선 상대의 정체를 정확히 파악하고 들어가면 된다. 준비되었는가?

굉장히 무서운 권리이다. 하지만 이러한 공포의 권리가 선순위일 경우에도 말소가 되는 경우가 있다. 필자의 글을 읽는 독자분들은 딱 이 기준 한 가지만 알고 있으면 된다.

'소유권이전청구권을 보전하기 위해 설정해 둔 가등기인가? 아니면 담보목적 가등기인가?'

소유권이전청구권 보전을 위한 가등기는 말 그대로 낙찰 후 언제든 소유권을 앗아갈 수 있는 등기이다. 담보목적 가등기라는 것은 예를 들어 상대에게 돈을 빌려주면서 돈을 받지 못했을 시에 가등기해 둔 권리를 본등기하여 소유권을 빼앗아 오겠다는 담보목적 취지의 권리설정이다. 이때 담보목적의 가등기는 선순위라 하더라도 저당권과 동일하게 취급되어 배당과 함께 소멸된다. 소유권이전청구권을 보전하기 위한 가등기인지 담보목적 가등기인지 구별할 수 있다면 당신은 굉장한 수익률을 기록할 수 있다. 지금부터 그 방법을 공개한다.

소유권이전청구권 보전을 위한 가등기는 크게 2가지로 나뉜다.

1. 매매계약을 체결하기에 앞서 추후 매매계약을 하기로 예약을 해 두고, 그 증거로서 장래의 소유권이전청구권을 보전하기 위하여 행해지는 가등기

2. 일단 매매계약은 체결되었지만, 잠금기일 등이 남아 있어 소유권이전등기를 할 수 없을 때 장래의 소유권이전청구권을 보전하기 위한 가등기

전자는 가등기의 원인이 '매매예약'으로, 후자는 등기 원인이 '매매계약'으로 등기부에 기재될 것이다. 결론적으로 모두 소유권이전청구권을 보전하기 위해 설정된 가등기로서 낙찰자들이 경계해야 할 것은 이 두 가지의 경우이다.

소유권보전가등기인지, 낙찰로 소멸하는 담보가등기인지 어떻게 알아볼 수 있을까? 경매사이트를 찾아 들어가 경매사건을 검색해 보면 알 수 있다. 법원은 등기일자가 타 권리에 비해 가장 빠른 선순위가등기가 등기부에 기재되어 있으면 가등기권자에게 그 가등기가 담보가등기인지, 소유권보전가등기인지를 밝히라는 최고서를 발송하고, 담보가등기이면 채권계산서 제출과 함께 권리신고를 하도록 촉구한다.

만약 위 가등기의 권리자가 담보가등기권자라면 법원에 권리신고를 하면서 배당요구를 할 것이다. 이때에는 배당요구서를 접수하는 형태일 수도 있고 권리신고와 함께 채권계산서를 제출하는 형태일 수

도 있다. 그렇다면 법원접수문건내역에서 가등기권자가 배당요구서를 접수했는지 아니면 적어도 채권계산서(받아야 할 돈 계산내역)를 제출했는지 확인해보면 문제된 가등기가 담보가등기인지 여부를 확인할 수 있다.

가등기권자의 배당요구서나 채권계산서가 제출되었으면 선순위가등기는 담보가등기로 간주해도 무방하지만, 단순히 권리신고서만 접수한 경우에는 당신은 공포의 괴물 '가등기' 앞에 무릎 꿇게 될 가능성이 크다. 법원은 단순한 권리신고만으로는 배당요구의 효력을 인정하지 않기 때문에 담보가등기로 함부로 단정할 수 없고, 권리신고서의 형식을 빌려 자신의 가등기가 담보가등기가 아닌, 소유권보전가등기임을 밝혔을 수도 있기 때문이다. 따라서 법원문건접수내역에 '가등기권자 ○○○권리신고서 제출'이라는 문건이 접수되어 있으면 좀 더 신중할 필요가 있다.

그러나 위 권리신고서에 소유권보전가등기임을 밝히는 내용이 기대되었다면 집행법원에서는 응당 물건명세서에 선순위가등기가 인수될 수 있음을 경고하고자 하는 문구를 기재할 것이다. 그러므로 권리신고서만 접수되었을 경우에 이러한 공지가 없다면 일단 담보가등기로 추정해도 큰 문제는 없다.

그래도 법원의 부주의로 공지 없이 진행될 수 있으니, 사실관계를 명확히 확인해본 후 응찰한다면 고수들만이 하는 특수물건을 통해 큰 수익률이 가능하다.

한편 가등기권자에 최고서를 발송하였음에도 가등기권자가 법원에 아무런 접수하지 않는 경우도 있다. 이런 때 법원은 위 가등기를 소유권보전청구가등기로 추정하고 주의를 요하는 문구를 기재하거나 경매절차를 정지시키기도 한다. 그러나 소유권보전청구가등기임을 공지하지 않고 경매절차를 진행해도 위법이 아니므로 간혹 공지 없이 진행되는 경우도 꽤 있다. 그때는 전적으로 응찰자의 위험 부담하에 진행되는 경우이므로 신중 또 신중해야 하는데, 이런 경우를 잘 이용하면 또 하나의 열쇠가 될 수 있다.

가등기권자가 아무런 서류를 접수하지 않아 소유권보전가등기로 강력히 추정되는 상황이라면 특별한 사정이 없는 한 응찰하지 말아야 한다. 그러나 법원의 최고서에 가등기권자가 아무런 답을 하지 않았다는 것이 위 가등기를 소유권보전 가등기로 확정하는 효력이 있다는 것은 물론 아니다. 담보가등기권자라면 법원에 배당요구를 했을 것이기 때문에(가등기권자는 근저당권자처럼 빌린 금액이 등기사항에 명시되어 있지 않아 배당요구를 직접 하지 않으면 당해 경매절차에서는 한 푼도 배당받지 못한다.) 소유권 보전등기라고 강하게 추정일 뿐이지, 정확한 사실관계는 법원도 모르고 이해관계인도 모르고 나도 모르고 경쟁자도 모르는 것이다.

만약 선순위가등기가 존재한다는 사실 빼고는 모든 게 탐나는 고수익이 예상되는 물건이라면 한 번쯤 가등기의 내막을 알아보고자 심도 있는 조사를 해볼 필요가 있다. 특히나 가등기가 설정된 때로부터 상당히 오랜 시간이 경과하였다면 더욱 더 관심을 갖고 조사해 볼일이다. 법원에 서류를 받게 되면 어떤 형태로든 답을 하는 게 일반적인 심리이고, 가사 가등기권자가 진정한 소유권보전가등기권자라면 법원에 자신의 권리를 알려 낙찰로 인하여 권리관계가 복잡하게 얽히는 것을 미연에 방지하려 할 것이기 때문에 가등기권자가 아무런 서류도 접수하지 않았다는 것은 분명 냄새가 나는 단서임을 명심하길 바란다.

📖 **이성용의 가등기 투자사례 中**

1. 참고로 필자의 성공적인 투자사례로는 충남에 있는 한 근린상가건물이다. 감정가 16억의 물건을 3억 7,000만 원에 낙찰받아 2009년 하반기에 13억 5,000만 원에 매매를 했던 해당물건 또한 '선순위가등기'가 존재하였고, 가등기권자가 아무런 서류도 접수하지 않았었다.

필자는 직감적으로 현장에 나가 꼼꼼히 분석을 해본 결과, 가등기권자가 아무런 권리신고를 하지 않았던 이유는 가등기권자의 주소가 불명하여 송달이 되지 않자, 경매의 빠른 진행을 위해 채무자(소유자)의 주소지로 가등기 최고서를 송달했기 때문이었다. 결국 가등기권자는 아무것도 모르고 경매가 진행되었던 것이다. 당시 가등기권자는 담보가등기권자였다.

2. 가등기투자 사연 당사자가 해외출장 중이라 미처 법원으로부터 최고서를 송달받지 못한 사례 또한 있었다.

아마 보통의 경매인들과 같이 PC 앞에 앉아 '가등기' 물건에 대한 고민만 하다가 마우스를 다른 물건으로 넘겼다면 '숨은 보물' 담보가등기와의 인연은 있지 않았을 것이다. 이 두 사례를 언급하는 이유는 경매에서 성공하기 위해서는 번득이는 두뇌와 부지런한 발품이 필요하다는 것이다.

발품의 진가가 유감없이 발휘되어야만 경매에서 진정으로 성공적인 투자자가 될 수 있다. 현장조사와 탐문을 우리는 절대 간과해서는 안 된다. 우리옥션 사이트에 들어가 특수물건 '선순위가등기' 물건만 검색하여 배운 것을 적용해보도록 하자.

◎ 특수물건검색

홈 〉 경매검색 〉 특수물건검색

항목	내용	항목	내용
관할법원	지법선택 ▼ 계 전체 ▼	사건변호	전체 ▼ 타경 사건번호
입찰구분	진행물건 ▼	유찰수	최소 ▼ 회 ~ 최대 ▼ 회
매각기일	2013-01-17 ~ 2013-03-18 2달 3달	감정평가액	최소 ▼ 원 ~ 최대 ▼ 원
소재지	시/도 ▼ 시/구/군 ▼ 읍/면/동 ▼	최저입찰가	최소 ▼ 원 ~ 최대 ▼ 원

검색하기　검색초기화

☐ 3회이상 유찰　☐ 4회이상 유찰　☐ 50%이상 유찰　☐ 유치권 신고
☐ 법정지상권 여지　☐ 토지별도등기　☐ 대지권미등기　☐ 토지별도등기인수조건
☐ 예고등기　☐ 선순위 임차권　☑ 선순위 가등기　☐ 선순위 가처분
☐ 공유지분만 매각　☐ 농지취득자격증명 필요　☐ 입찰포함 제시외물건　☐ 입찰포함않는 제시외물건
☐ 분묘기지권　☐ 재매각/재신청　☐ 농취증미제출시 보증금몰수

사이트: 우리옥션

선수 투자자들은
한 우물만 판다

첫 번째 우물
'유치권신고' 있는 물건 파고들기

보통 고수익 모델의 대상으로 많이 도전하고 있는 권리이다. 여기서 '유치권'이란, 예를 들어 A공사업자가 건축을 해주고 공사비를 의뢰자로부터 받지 못하였을 때 해당 건축물을 독점적·배타적으로 점유하며 상대가 누구라도 자신의 공사대금을 받기 전까지는 본 건축물을 사용할 수 없게 하는 권리이다. 유치권은 등기권리(공부상)에 나타나지 않고, 현장에 있는 권리이기 때문에 현장조사와 분석이 매우 중요한 권리 중 한 가지다.

경매사이트를 자세히 보면 '유치권신고'라고 적혀 있는 물건들이 꽤 있다. 우리는 여기서 한 가지 명확하게 알고 넘어가야 한다. 법원에서 공지하는 '유치권신고 있음'은 유치권자가 있다는 것이 아니다. 단순히 '유치권'을 신고한 자가 있다는 것을 알리는 것이고, 법원은 진정한 유치권자인지 가장된 유치권자인지 혹은 유치권신고금액이 2~3배 부풀어 신고된 것인지 전혀 알고자 하지 않는다. 누구라도 신고를 하면 법원은 신고서류를 받아주고 공지할 뿐이다. 그 말은 경매투자를 하는 우리 자신들이 각자가 결과에 대해 책임질 자세를 갖고 직접 조사하고 분석하여 민사적 문제를 해결해나가라는 뜻이다(책임전가라는 뜻).

눈치가 빠른 독자는 조금 느낌이 올 것이다. 초보자들은 이런 법원의 '유치권신고 있음'이라는 단어 하나만으로 '이 물건은 별로야 유치권 있네' 하며 다른 물건을 둘러보기 시작한다. 따라서 유치권 성립여부의 기준을 알고, 성립이 불가한 유치권자인지 허위유치권인지 구별능력을 갖추고, 실무기술을 익힌다면 일반 경매인들이 쫓아올 수 없는 고수익이 가능한 것이다.

하지만 경매시장이 초대중화 되고 있다 보니 많은 경매초보자들도 지식수준이 높아져 아파트경매물건의 유치권신고는 95% 이상 성립할 수 없는 유치권들이라는 점을 이미 잘 알고 있으며, 더 나아가 아파트에 신고된 대부분의 '내부 인테리어' 공사를 통한 유치권신고는 간단히 해결될 수 있다는 것까지 파악하고 있다.

필자가 아파트에 유치권이 신고된 물건이 실제 낙찰가에 영향을 주는지 통계를 내보니 별 상관관계가 없었다. 즉, 아파트를 유치권을 통해 고수익을 얻기는 힘들어졌다.

자, 그럼 유치권을 깨뜨려 고수익을 내기 위해서는 유치권신고자의 약점을 발견해야 한다. 다음은 유치권이 무효가 되는 기준이다.

1. 타인의 소유 부동산에 유치권을 행사한 것이 아니라면 유치권 불능

자신의 부동산에 자신이 유치권을 신청한다는 것이 논리적으로 말이 되지 않는다. 타인 소유의 것에 공사를 해주고 해당 목적물에 대하여 공사비를 못 받았을 경우에 성립된다.

2. 해당 목적물에 대해 생긴 채권이 아니라면 유치권 불능(채권 = 특정 상대방의 행위를 청구할 수 있는 권리로서 돈에 대한 청구는 금전채권, 돈이 아닌 채권은 비금전채권이라고 함)

예를 들어 유치권을 행사하고 있는 해당 목적물에 대한 공사비를 두고 권리행사를 하는 것이 아닌, 목적물의 소유자에게 돈을 빌려주고 못 받은 돈을 채권으로 소유자의 건축물 등에 유치권 행사를 할 수 없다는 뜻이다.

3. 계약관계상 돈 받을 때가 되지 않았다면 유치권 불능

공사도급계약을 하였을 때 공사비를 지급할 시점이 지나서 돈을 받지 못하고 있었을 때에만 유치권 행사를 할 수 있다. 대금지급일이 도달하지도 않았는데 유치권 행사를 한다는 것은 의미 없다.

4. 점유하지 않고 있다면 게임 끝!

목적물에 '유치권신고'는 해놓고 실제 현장을 가보니, 유치권을 행사한다는 현수막이나 공시될 수 있는 그 어떤 형태의 것도 존재하지 않고 해당 목적물을 독립적·배타적으로 점유를 하고 있지 않다면 유치권은 성립될 수 없다. 결과 본인이 직접점유를 하거나 간접점유(유치권을 주장하는 업체의 직원이 점유하는 것과 같은 이치)를 해도 무방하지만, 현장에 가보니 유치권자가 아닌 소유자가 직접점유를 하고 있거나, 소유자가 전세든 월세든 임대차계약을 통해 임차인이 점유를 하고 있다면 유치권자의 점유는 없는 것이고 유치권 상실의 이유가 된다.

또한 반드시 채권금액을 회수할 때까지 지속적으로 점유해야 한다. 이 점유라는 부분에 대해서 필자가 현실적으로 꼭 짚고 넘어가야 할 것이 있다. 필자의 쓰디쓴 사연이니 이 글을 읽는 독자는 이와 같은 현실을 정확히 인식하고 필자의 상처를 피해 가길 바란다.

📗 **이성용의 투자사례**

2004년 무더운 여름인 8월초 필자는 경매정보사이트를 통하여 입맛에 맞는 경매물건을 열심히 검색하던 중 눈에 쏙 들어오는 물건이 있었다. 자세히 살펴보니 고급빌라를 건축하고 분양도 하기 전 공사대금을 받지 못하자 시공한 업체가 유치권신고를 해놓은 물건이었다.

예감이 좋아 필자는 현장으로 달려갔다. 이때만 해도 필자는 많은 공부를 통해 유치권물건에 대한 자신감이 하늘을 찔러 마음은 부자였지만, 아직 특수권리에 대한 경험이 없어 현실은 가난했던 때이다.

현장에 도착해보니 휑했다. '유치권을 행사한다'는 어떤 형태의 표시도 없었고, 그 누구도 점유하고 있지 않았다. 호실마다 문이 모두 열려 있어 필자는 조사하려는 동과 호수를 향해 계단을 살금살금 오르기 시작했다. 도착하여 문을 슬그머니 여는데, 순간 필자는 "으악!" 소리를 지를 수밖에 없었다.

시체였다. 신문지 끝으로 시커먼 발이 보였다. 어깨까지 내려오는 머리는 떡이 져있었다.

'살인사건인가?'

겁 많은 필자는 그냥 도망가고 싶었지만, 그래도 용기를 내어 한걸음 한걸음 다가가 보았다. 시체라면 빨리 신고하여 범인을 잡을 수 있도록 하는 것이 맞다는 판단이 들었기 때문이다. 점점 가까워질수록 가슴은 '콩닥콩닥'거리는데 갑자기 시체가 벌떡 일어났다. 그리고 날 쳐다봤다.

순간 너무 놀라 바닥에 주저 앉아버렸는데 자세히 보니 노숙자였다. 필자는 천천히 일어나 놀란 가슴을 가라앉히고 당당히 이렇게 말했다.

필자 : 혹시 유치권 점유하고 계십니까?

노숙자 : 엥? 배고파…….

필자 : 네? 제가 순대와 떡볶이를 사다 드릴 테니 제가 여쭈어 보는 것에 대답 좀 잘 해 주시겠어요?

노숙자 : 응, 먼데?

필자는 순간 번뜩이는 아이디어가 떠올라 이렇게 물었다. 준비했던 녹음기를 꺼내 녹음시작 버튼을 눌렀다.

필자 : 이곳을 제가 경매로 낙찰받으려고 하는데 누구신가요?

노숙자 : 잠잘 곳이 없어 이곳에서 좀 쉬려고 온 사람이에요.

필자 : 이곳에서 언제부터 이렇게 주무시기 시작하신 거예요?

노숙자 : 봄 되고 나서부터니까 한 4개월째인데요?

필자 : 그럼 4개월 동안 아무도 왔다 갔다 하는 사람이 없었나요?

노숙자 : 여기 사람 한번 보인 적 없는데…….

필자 : (점유한 적이 없구나.) 그렇군요. 감사합니다. 혹시 본인 존함이 어떻게 되시죠?

노숙자 : ○○○예요. 배고파요. 그만 좀 물어봐. 안 그래도 배고픈 거 참고 있는데, 힘

녹음기 정지버튼을 눌렀다. 필자는 공사업자가 유치권 점유를 전혀 하지 않고 있다는 증거를 위해 노숙자분을 포함해 내부를 모두 촬영하고, 밖에 나와서도 어느 곳에도 유치권을 행사한다는 현수막 등이 없다는 것을 증거로 가지고 있기 위해 건물 곳곳을 촬영하기 시작했다.

'음하하하. 꼭 내가 피비린내를 맡은 식인상어 같구먼.'

집으로 돌아와 거울에 비친 내 모습이 너무 자랑스러웠고, 그날 밤 낙찰 후 올릴 큰 고소득을 그리며 화이트와인을 마셨던 것으로 기억한다.

입찰기일이 되어 감정가 3억 500만 원의 해당빌라를 1억 1,000만 원에 낙찰받았다. 바로 명소소송을 접수하고 만만의 준비를 하고 재판날짜에 맞추어 첫 대결이 시작되었다. 필자는 법원에 제출할 때 유치권자가 전혀 점유를 하지 않고 있다는 근거자료들과 사진은 물론 녹음내용까지 전부 문서화하여 보냈고, 당연히 유치권자는 '깨갱~' 하며 무릎을 꿇을 줄 알았다. 그런데 마른하늘에 날벼락이 떨어졌다.

일단 여기서 기억해야 할 것이 있다. 소송을 신청한 원고(필자)가 판사에게 상대가 온전한 유치권 행사자가 아니라는 점을 증명하는 입장에 있다는 것이다. 필자가 보낸 자료에 반박하는 피고인 유치권자의 자료를 보니, 꽤나 바빴을 것 같았다.

유치권 행사를 한다는 현수막을 건물 옆에 턱하니 붙여 놓은 사진과 현수막에는 유치권 관련 문의를 할 수 있는 전화번호까지 적혀 있었다. 더 황당한 것은 내가 촬영하지 못한 곳에 컨테이너박스를 급조하여 만들고, 거기에 '유치권 관리실(점유 중)'이라는 종이까지 붙어 있는 사진을 제출했다. 사진 제출 후에 피고는 당당히 말했다.

"매일 아침, 점심, 저녁 먹는 시간 빼고는 우리 직원들이 유치권 행사를 알리는 컨테이너에서 항상 점유하고 지키고 있었습니다. 건물 내부 또한 매일 주기적으로 점유를 하며 관리하는 직원들이 수시로 순찰을 했으나, 늦은 밤에는 순찰하지 않았습니다. 컨테이너 안에서 점유하고 있는 사이 노숙자 한 명이 들락날락 하는 것을 한두 번 본 적이 있으나 이것을 점유하지 않았다고 볼 수는 없습니다."

이 말을 들은 판사가 끄덕였다.

말도 안 된다. 하늘이 무너지는 것과 같은 심정으로 눈물이 왈칵 나오려 했다. 현재 유치권 행사자들이 소장이 접수되었다는 통지를 법원으로부터 받고 모든 것을 급조한 것인데, 이 사기를 어떻게 다시 증명해야 할지 앞이 캄캄했다. 결국 일어나 판사님께 울먹이며 말했다.

"(눈물을 글썽이며) 판사님, 제가 제출한 자료들을 보시면 분명히 아무것도 없었고 컨테이너도 없었습니다. 소송을 제기하고 통지가 간 후로 유치권 행사자들이 급조한 것이 뻔히 눈에 보입니다. 도와주십시오."

판사는 자신도 유치권 행사자들이 조금은 급조한 것 같은 냄새를 맡긴 했는지 혼란스러워했다.

필자는 여기서 한 번 더 일어나 외쳤다.

"홀로 계신 어머님 건강도 안 좋아 병원비로 힘들게 모은 돈을 이번에 다 날려 현금도 없고(훌쩍), 대출도 한가득 받고 낙찰받아… 대출이자도 현재 감당하기 힘든데… (훌쩍) 판사님, 도와주세요.

하지만 필자는 패소했다. 유치권금액 2억 7,000만 원을 인수하지 못하고, 다시 경매로 넘어가 낙찰받은 물건을 포기할 수밖에 없었다.

필자가 주고자 하는 교훈은 이런 것이다. 실제로 유치권 점유를 부정한다는 것은 현실적으로 쉽지 않다.

다양한 판례들과 경험들을 통해 다시 한 번 느낀 것이지만, 상대쪽에서 유치권을 정상적으로 행사했다는 것을 조금만 급조해도 무너지고 만다. 그래서 유치권에 대한 공략을 할 시에는 반드시 '미점유' 외에 상대의 빈틈들을 유치권 성립요건에 근거하여 불성립의 근거재료들을 철저히 준비해야 할 것이다. 그렇지 않는다면 필자와 같은 상처를 가슴속에 새기게 될 것이다.

5. 경매개시결정등기 이전부터 유치권 행사 및 점유!

유치권은 지속적인 점유가 권리의 유지 조건이기도 하지만, 언제부터 점유를 했는가가 관건이다. 유치권은 경매물건에 대하여 경매 신청 채권자가 경매 신청을 한 후 경매개시결정등기가 되기 전부터 점유를 해야만 인정된다. 즉 경매개시결정등기 이후 점유했다는 것을 객관적으로 증명할 수 있다면 유치권은 무너진다. 그럼 어떻게 객관적으로 증명할 것인가?

경매정보사이트(우리옥션에서도 무료검색 가능)에서 해당 경매사건을 검색한 뒤, 창을 키워 보면 '현황조사서'라는 메뉴가 있다. 현황조사서는 경매개시결정등기가 된 이후에 집행관이 현황조사를 나간 후 내용을 문서화시킨 것이다.

이 현황조사서에 집행관이 현 부동산에 대하여 점유 내용을 '소유자 점유'라고 적어 놓았다면? 경매개시결정등기 이후 집행관의 현황조사 시 유치권자가 점유하고 있지 않고, 소유자가 점유하고 있다는 것을 증명하는 객관적 서류가 되는 것이다. 바로 이런 물건은 유치권 주장자가 원하는 금액을 물어주지 않고서도 간단히 명도를 통해 정리할 수 있다.

낙찰을 받은 뒤, 잔금 납부와 함께 낙찰자는 법원에 '인도명령신청서'를 접수한다. 인도명령신청서란, 말 그대로 부동산에 권원(법률적으로 정당화된 근거) 없이 점유하고 있는 자에 대하여 법원이 강제로 낙찰자인 새로운 소유자에게 부동산을 인도하는 명령을 내려달라 신청하는 것이다.

이 인도명령신청서에 법원의 서류인 집행관의 현황조사서를 함께 첨부하여 유치권 주장자의 권리 주장은 객관적으로 부정된다는 것을 증명시키면, 법원은 확인 후 '인도명령결정'을 내린다. 이때 이 인도명령결정문을 집행 권원으로 유치권자를 강제로 명도할 수 있는 강제집행 권한이 생기게 된다. 그래서 경매정보사이트를 볼 때 '현황조사서'를 눈여겨보고, 반드시 체크해야 하는 것이다.

6. 유치권 발생을 배제하는 특약이 있다면 게임 끝!

Case 1 임차인이 유치권 행사를 하는 경우

일반적으로 주택과 상가건물에 임차인이 유치권 행사를 하고 있는 경우 유치권이 성립되기 힘든 이유 중의 하나이다. 우리는 흔히 거주 또는 사업을 하려 할 때 중개업소를 통해 부동산임대차계약서를 적고 일정금액에 임차하여 부동산을 이용하곤 한다. 아파트라면 보증금/월세 또는 전세가 될 것이고, 상가의 경우는 월세가 될 것이다. 우리는 이러한 임대차계약서를 적을 때 작게 적혀 있는 법조항이 항상 들어가 있다는 것을 놓치고 있다.

보통 임대차계약서 앞장 중간쯤 법조항을 살펴보면 '원상회복의무' 조항이 있다. 바로 이 조항은 임차인의 유익비상환청구권을 통한 유치권 행사를 무너뜨릴 수 있는 조항이다. 유익비상환청구권이란, 해당 부동산을 업그레이드 하여 건물가치를 증가시켰을 경우 이에 대한 공사비용을 소유자로부터 요구할 수 있는 권리이다. 이 또한 공사비용을 받지 못하였을 때는 유익비상환청구권을 채권으로 하여 유치권 행사를 할 수 있는 것이다. 하지만 최초 임차인이 임대차계약서를 쓸 당시 '원상회복의무'조항은 계약시점의 부동산 상태로 원상복구시켜 놓아야 할 의무이기 때문에 유익비에 대한 채권 행사를 할 수 있는 것이 아닌 오히려 원상복구를 해야 할 의무를 지게 되며, 유치권은 물거품이 되는 것이다. 그렇기 때문에 임차인이 유치권 행사를 하고 있다면 임대차계약서부터 확인을 해보아야 하는 것이다.

하지만 여기서 절대 기억해야 하는 것이 있다. 바로 '필요비상환청구권'은 대화가 조금 다르게 된다.

필요비상환청구권은 임차하여 이용하고 있는 부동산에 수리해야 할 부분들을 수리 또는 수선한 것에 대한 비용을 소유자에게 요구할 수 있는 권리이며, 소유자로부터 받지 못했을 시 해당 수선비용을 채권으로 하여 유치권 행사를 하는 것이다. 바로 이것은 '원상복구' 조항과 관계없이 유치권 행사가 가능하다는 점을 꼭 구분해야 한다.

대법원 1975. 4. 22. 선고 73다2010 판결
"건물의 임차인이 임대차관계 종료 시에는 건물을 원상으로 복구하여 임대인에게 명도하기로 약정한 것은 건물에 지출한 각종 유익비 또는 필요비의 상환청구권을 미리 포기하기로 한 취지의 특약이라고 볼 수 있어 임차인은 유치권을 주장을 할 수 없다"고 판단하고 있다.

한 가지 더! 임차인의 유익비에 기한 유치권 행사에 대해 '원상복구의무' 조항 또는 특약만을 찾을 것이 아니라 이때 반드시 함께 짚고 넘어가야 할 부분이 있다. 상가임차인의 유치권 행사의 경우 인테리

어공사 한 내역서를 갖고 건물의 객관적 가치 증대를 주장하며 유익 비상환청구권을 채권으로 하여 유치권을 행사하고 있다면 이 자체만 으로도 유치권이 성립할 수 없는 점을 알아야 한다. 감이 잘 오지 않을 수 있다.

이유는 건물의 객관적 가치를 올린 것이 아닌 자신의 영업수익을 위한 공사를 한 것이기 때문에 객관적 가치를 증대시킨 것이 아니라 는 점을 함께 짚고 넘어가야 한다.

Case 2 건물 유치권 행사 중인데 은행에서 큰돈을 대출받은 경우

건축물이 완성되기도 전에 보존등기(부동산출생신고)를 함으로써 은행에 해당 건축물을 담보로 돈을 빌려 등기권리증에 근저당권이 설 정되어 있다면 꼭 의심하라. 은행은 혹시나 담보로 잡은 건축물이 완 성이 되고 나서 건축물의 소유자가 돈을 갚지 못해 시공사 등에서 유 치권 행사를 하는 것을 미리 예방하기 위해 돈을 빌려주기 전에 공사 업체로부터 '유치권포기각서' 등을 미리 받아두는 경우가 있다. 그런 물건의 경우는 해당 은행 채권관리팀으로 전화를 걸어 꼭 물어보아 라. 그 유치권포기각서가 있다는 것을 확인했고 그것이 나만의 정보 가 되는 순간 상상할 수 없는 고수익이 독자를 기다리고 있을 것이다.

7. 유치권자가 마음대로 부동산을 임대해 주었다면 유치권은 즉시 물거 품이 된다.

보통 유치권자는 공사대금을 받지 못한 채 점유하고 있다 보면 가슴이 답답해진다. 소유자는 돈이 없어 멍하니 바라만 보고 있고, 시간은 흐르고 있고, 자신의 채권이 회수되고 있지 않다 보면 잔꾀가 생긴다. 점유하고 있는 부동산을 소유자(채무자)의 승낙 없이 돈을 받고 임대해 주어 못 받은 공사대금채권을 조금씩 회수하려고 꾀를 부리는데 그 순간 유치권은 소멸된다. 이것은 소를 제기하여 유치권 행사 위반에 대해 판결을 받아 효력이 생기는 것이 아닌 형성권으로써 그런 행위를 한 즉시 유치권은 소멸된다. 다음은 이것을 이용한 필자의 성공사례이다.

📖 **이성용의 투자사례**

2005년 12월 겨울의 일이다. 경기도 화성시에 있는 1200평의 공장건물이었다. 현장에 가보니 공장 외관에는 공사대금을 받지 못한 이유로 '유치권 행사 중'이라는 현수막이 입구와 좌측 우측 벽면에 대통령선거를 하듯 크게 붙어 있었다.

필자는 단순히 공장이전을 계획하고 있는 지인의 부탁으로 현장조사를 한 것이었는데, 현장을 와보니 느낌이 별로 좋지 않았다. 진정한 유치권자의 행사처럼 보였고 금액을 인수해야 할 것 같다는 느낌이 들어 뒤돌아서려는데, 이상하게 문이 잠겨 있는 것으로 보였던 공장 내부에서 10여 명의 사람들 소리가 들렸다. 그때 필자는 문득 '유치권 행사 한번 요란하게 하네. 도대체 몇 명이 안에 들어가 점유하고 있는 거야? 공사업자 돈 참 많네. 한번은 만나보고 가야겠다'는 생각으로 내부를 들어가자 예상치 못한 광경이 펼쳐졌다.

건물 안에서는 종교시설에 납품하는 판촉물을 생산하고 있었다. 필자는 순간, '딱 걸렸어. 유치권자가 점유하고 있는 것이 아닌 다른 사람이 사용 중이네'라는 생각이 들어 문을 두드리고 그 생산을 대표하는 분을 찾아 질문했다.

필자 : 혹시 유치권 행사하시는 분들 어디 가셨나요? 심부름을 왔습니다.

점유자 : 네?

필자 : 유치권 행사하고 계신 분들 어디 계시나요? 좀 알려주시겠어요?

점유자: 글쎄요. 제가 김말똥 씨 번호는 알려드릴 수 있는데요. 여기에 와 계시지는 않죠.
필자: '뭔가 있다.' 아. 그러면 번호 좀 알려 주시겠어요? 그런데 관계가 어떻게 되시죠?
점유자: 저희는 여기 잠시 임대해서 이용하고 있는 업체입니다.
필자: 네, 알겠습니다.

소유자가 아닌 유치권자가 소유자의 승낙 없이 공장을 임대해준 것이라는 확신이 섰고, 필자는 공장을 잠시 나와 유치권자로 추정되는 김말똥 씨의 휴대폰으로 전화를 걸었다.

필자: 혹시 화성시 ○○○공장 유치권 행사하시고 계신 분 맞으신가요?
점유자: 네, 누구신가요?(연세가 굉장히 있어 보이셨다.)
필자: 경매로 나와서 이 부분에 대해서 구체적으로 좀 여쭈어 보려고요.
점유자: 뭐 길게 이야기 할 것은 없고, 저희는 공사대금만 받으면 됩니다.
필자: 네, 그럼 제가 다시 한 번 전화 드리겠습니다.

갑자기 눈에서 빛이 났고 녹음기를 켜고 다시 공장으로 들어가 대표자를 만나 정중히 물었다. 유치권자 김말똥으로부터 매월 50만 원씩 주면서 임차해 사용하고 있다는 내용을 녹음하고, 현장에서 판촉물을 생산하기 위한 집기들과 생산현장을 촬영하여 공장을 나왔다.
이제 내가 해야 할 일은 정해졌다. 소유자를 만나 혹시 임대해 주는 것에 대한 승낙이 있었는지를 확인하는 것이다. 3일 뒤 소유자가 거주하고 있는 곳을 찾아갔고 확인결과, 소유자는 전혀 모르고 있는 것이다. 필자는 조심스레 소유자를 설득하기 시작했다.

필자: 현재 유치권 행사하고 계신 분 때문에 경매 초저입찰가가 하염없이 떨어지고 있는 상황입니다. 낙찰가가 낮아지는 만큼 선생님(소유자)의 빚이 청산되지 않을 것은 물론일 것입니다. 저는 현재 이 공장을 낙찰받으려 하는데 유치권자의 유치권 행사 때문에 저를 포함한 많은 사람들이 입찰을 하지 못하고 있습니다. 선생님께서 현재 공장을 임대해주는 것에 대해서 동의를 해준 적이 없으시다면 유치권이 소멸되어 유치권자가 더 이상 권리행사를 할 수 없도록 만들 수 있습니다. 도움을 주셔서 낙찰받을 수 있게 해주시면 제가 그만한 사례를 분명히 하겠습니다.

소유자: (화가 난 표정이다.) 어떻게 도와면 됩니까? 확실히 가능한 거죠?
필자: 물론입니다. 형성권이라 하는데, 근거 제시와 유치권 소멸청구를 통해 즉시 유치권자의 지위는 사라집니다.

설득이 쉬웠다. 소유자도 유치권자에 대한 감정이 좋지 않았기 때문이다. 그리고 필자는 낙찰을 시세대비 24% 금액에 낙찰을 받았고, 소유자를 만나 소유자의 명의로 유치권자에게 보낼 내용증명을 만들었다. 내용은 소유자(채무자)의 승낙 없이 유치물을 대여 해줌으로써 과실을 얻은 행위는 유치권 행사에 있어서 분명한 위반이 사실이라는 것을 강력히 적고, 유치권은 소멸되었다는 내용이다. 그리고 이에 대한 법률적 근거를 붉은 글씨로 크게 적어 보냈다. 내용증명을 보낸 지 1주일쯤 지났을까? 유치권자로부터 연락이 왔다.

유치권자: 잠깐 만날 수 있을까요?
필자: 네, 공장 앞에서 뵙고 싶은데 괜찮으신가요?

필자는 첫 만남에서 나머지 문제들을 바로 매듭지을 수 있었다. 의외로 유치권자는 이리저리 법무사, 변호사 등을 통해 현 상태를 명확히 인식을 했는지 필자의 말을 순순히 받아들였다.

필자: 유치권은 이미 소멸되었기 때문에 빨리 철거를 하지 않으신다면 형사적 책임이 있을 수 있습니다. 하지만 어찌되었던 이런 인연으로 만나 뵙게 되어 굉장히 죄송하고, 마음이 무거워 이번 달 내로 유치권 현수막을 직접 내리시고 현재 판촉물 공사를 하고 있는 분들이 공장을 비우고 이전을 할 수 있도록 협조해주신다면 제가 갚아줘야 할 의무는 없지만 어느 정도 사례를 하겠습니다.

이렇게 마무리가 되었다. 필자의 지인은 시세대비 24%의 금액으로 공장을 취득할 수 있게 되었다. 유치권공사금액을 회수하지 못한 공사업자에게는 필자의 지인 중 커피공장을 이전하고자 하는 계획을 갖고 토지를 낙찰받아 공장을 지으려는 사람과 연결해주어 공사를 하고 수익을 얻게 함으로써 못받은 공사대금의 상당 부분을 회수할 수 있도록 도왔다.

위 내용과 같은 경우가 종종 있으니 현장조사 시 꼭 참고하기를 바란다.

훌륭한 분석과 실전에서의 테크닉을 익혀 낙찰을 받았다면 이제 남은 것은 명도만이 남았다. 시간은 수익률이다. 아무리 강조해도 부족하지 않은 유치권자 명도를 하는 실전 테크닉은 5장에서 구체적으로 다루도록 하겠다.

두 번째 우물

'선순위 가짜임차인' 색출하여 고수익 내는 법

허위임차인은 실제로는 임차인이 아니면서도 소액보증금최우선순위 배당을 노리고 임차인의 외관을 형식적으로 갖춘 자나, 실제 세대 구성원 중 하나이거나 가족이면서도 전입신고가 최우선순위로 되어 있음을 기회로, 대항력 있는 임차인인 양 행세를 하는 자들을 통칭해서 일컫는 말이다.

경매사이트를 보다 보면 이러한 허위임차인들이 구석구석 숨어 있는데 이것을 구별해낼 수 있는 기술이 있어야 한다. 그리고 그 내용이 복잡할수록 수익은 커지게 된다. 지금부터 그 기술을 알려주려 한다.

실전에서 허위임차인이 발생하는 경우는 크게 2가지이다. 소유자와 공모해서 적극적으로 허위임차인으로 행세하는 경우와 허위임차인으로 행세할 의도는 없었지만, 임대차 관계를 확실히 조사하는 것이 불가능하여 실무상 어쩔 수 없이 선순위임차인으로 취급되는 경우이다.

소유자와 임차인이 짜고 위장임차인일 경우의 해법

실제로는 부부이거나 가족구성원 중의 일부임에도 전입신고가 최우선순위로 되어 있음을 이용해 허위 임대차계약서를 작성하고 법원에 권리신고를 하는 유형의 임차인은 대항력을 이용해 낙찰자에게 보증금 반환요구를 하거나, 경매절차에서 대항력 있는 임차인의 존재가 공지되도록 해 낙찰가를 하염없이 떨어뜨린 뒤 측근들의 명의로 저가 낙찰을 받아 이득을 꾀하겠다는 의도를 가진 자이다.

필자의 경험을 비추어 보았을 때 부모와 자식 간의 혹은 부부관계에 있는 자들이 위장임차인 중에 가장 많고, 간혹 가다 한번 형제자매의 관계에 있는 자들도 보게 된다. 또한 가족관계가 아님에도 어쩌다 전입신고가 되어 있음을 기회로 해서, 건물주와 짜고 허위로 계약서를 작성해 권리 신고를 하는 경우도 있는 만큼 사실 굉장히 다양하다.

다른 사람들의 희생하에 자신의 이익만을 챙기겠다는 그들의 의도는 명백하지만, 독자들은 이들이 있음으로 인해 진정한 고수익을 만들어 낼 수 있다는 점을 알아야 한다.

위장임차인을 추정할 수 있는 7가지 단서

1. 선순위임차인이면서 대항력 있는 위장임차인임을 추정할 수 있는 가장 유력한 증거는, 임차인의 전입신고일과 확정일자를 받은 일자가 시간적으로 상당히 격차가 있는 경우이다.

일반적으로 임차인은 임대차계약서를 쓴 당일로부터 확정일자의 날짜를 뒤로 미루지 않는다. 확정일자를 받은 중간 일자에 거액의 근저당권이 설정되어 있다면 위장임차인이라는 심증에 한층 무게를 실어도 좋다.

2. 최우선순위로 전입신고가 되어 있는데, 후순위 근저당권자가 은행이고 그 근저당액수가 거액인 경우이다.

은행에서 건물을 담보로 대출해줄 때는 내규에 따라 정해진 담보비율만큼만 대출을 해주며, 기타 최우선순위 소액보증금 임차인의 존재 가능성을 고려하여 최우선순위의 임차인이 있을 시 그 보증금만큼을 대출금액에서 제외한 뒤 대출을 해주게 된다.

선순위 임차인의 보증금과 대출금을 합산했을 때 감정가 혹은 시세를 넘어서는 만큼 대출을 해주는 은행이 도대체 어디에 있겠는가? 만약 선순위 임차인으로 추정되는 전입신고자가 있음에도 은행이 정상적인 대출을 진행해 주었다면 분명 전입신고자는 대항력을 갖춘 임차인이 아니다. 이를 확인할 수 있는 방법으로는 대출을 해준 해당 은행 채권관리팀에 전화를 해보길 바란다. 최소한 무상으로 거주하고 있다는 확인서 '무상임대차각서'를 징구해 두었을 것이다.

3. 소유자가 소유권을 취득하기 얼마 전 혹은 얼마 후에 전입신고가 되어 있는 경우이다.

이런 경우는 대부분 가족일 가능성이 높다. 소유권등기 이전에 먼저 가족 중 일부가 들어와 거주하면서 전입신고를 하는 것이 통상이고 소유권등기 직후 전입신고를 하는 경우도 있다. 그러니 주택의 소유자가 변경되는 때를 전후로 하여 근 시일 안팎에 전입신고가 이루어진 경우는 가족들의 전입신고로 보고 심도 있는 조사를 진행하길 바란다.

4. 등기부등본을 통해 확인할 수 있다.

소유자가 소유권이전등기를 한 이후 임대를 주고 다른 곳으로 이전하면 등기부상으로 소유자 표시란에 변동이 발생하게 된다. 즉 소유자의 주소를 변경하면서 변경 원인으로 '전거' 즉 '다른 곳으로 거주지를 이전했다'는 기재를 하게 된다. 이는 소유자가 신청하기도 하고 다른 자료로 소유자의 주소지가 변경되었을 때 직권으로 정정을 하기도 한다. 그렇다면 임차인으로 추정되는 자가 전입할 당시에 공교롭게도 소유자가 전거했다면 이 임차인은 위장임차인이 아닐 가능성이 높다.

반대로 임차인이 전입신고를 했음에도 소유자의 주소에 변동이 없다면 그곳에서 계속 소유자가 거주하고 있다고 볼 수 있으므로, 이때에도 의심의 끈을 놓지 말고 현장 확인에 나서야 한다. 하지만 네 번째의 이 이야기는 소유자가 전거를 했다고 하더라도 등기부상 반영되지 않는 경우도 꽤 있기 때문에 단서 가운데 하나로 삼아야지, 지나치게 큰 의미를 두는 것은 바람직하지 못하다.

5. 허위임차인으로 추정되는 선순위 전입신고자 있다면 법원의 문건접수 내역을 확인한다.

법원은 임차인으로 추정되는 자가 있으면 이해관계인으로 보고 임차인 통지서를 비롯해서 경매절차와 관련된 사항들을 공문 형태로 다수 송달하게 된다. 그 통지서들은 당연히 경매목적물의 주소지로 송달될 것이다.

진짜 임차인이라면 현재 경매목적물에서 거주하고 있기 때문에 분명 내용을 확인하게 되어 있다. 하지만 간혹 보면 수취인불명, 이사, 부재 등의 사유로 도달이 되지 않은 경우로 문건접수내역에 나와 있는 때가 있다. 폐문 부재라면 집배원이 거주자를 못 만났을 가능성이 있겠지만, 수취인불명이나 이사 부재라면 전입신고자는 임차인이 아닌 경우가 굉장히 많다.

6. 임차인이 주장하는 보증금이 임대차계약을 체결할 당시의 시세와 비교하여 적정한지 검토해야 한다.

위장임차인들은 경매개시 즈음하여 급조를 하는 경우가 대다수이기 때문에 시간이 충분치 않아 치밀한 준비는 상대적으로 어렵다. 사안이 선순위로 전입신고가 되어 있음을 기회로 허위의 임대차계약서를 작성하여 권리신고를 한 경우라면, 임대차 보증금은 임대차계약 당시인 수년 전 보증금이 아니라 신중한 고민 없이 현재 시세에 맞는 보증금을 기재해 넣었을 가능성이 크다.

7. 현장으로 달려가 우편함을 뒤적여 보아라.

우편함 속의 우편물들에 소유자 우편물이 뒤섞여 있거나, 전입신고자 이외의 사람들에게 온 우편물이 채워져 있다면, 위장임차인이라는 심증은 깊어질 것이다. 세상의 어떤 소유자가 임차인에게 임대를 주고 함께 동거를 하고 있겠는가?

이렇게 위장임차인으로 추정할 수 있는 7가지 단서들에 대해 알아보았는데, 심증만 갖고 응찰하면 큰 손해를 볼 수 있다. 명확한 물증을 최소 1~2가지는 확보해야 한다.

명확한 물증을 확보하기 위해서는 우선, 대출은행을 찾아가 임대차 내역에 대해 문의해 보길 바란다. 십중팔구 선순위 전입자는 가족이거나 동일세대 구성원이라는 답을 들을 것이다. 친절한 담당자라면 선순위 전입자가 임대차 관계를 주장할 가능성에 대비하여 '무상임대차각서'를 징구해 두었으니 걱정 말고 응찰하라는 조언까지 아끼지 않을 것이다. 하지만 타인의 개인정보이기 때문에 잘 가르쳐 주지 않는 경우도 많으니 담당자가 이렇게 답변을 할 수 있다.

"낙찰받고 오세요."

그럴 땐 힌트라도 달라고 요청한 뒤 이런 대답을 얻으면 오케이다.

"은행이 바보도 아니고, 선순위임차인인데 대출금액을 그만큼 해주었을까요? 안심하고 낙찰받고 오세요. 필요한 서류가 있으면 다 드릴테니……."

만약 목적물이 아파트라면 경비실을 찾아가 거주자명부를 열람해보길 바란다. 물론 사생활 침해 혹은 사적인 정보를 이유로 함부로 보여주지 않을 테지만, 노력해서 안 되는 일은 아니다. 경험상 음료수 한박스라도 사들고 몇 번이고 얼굴을 비추다 보면 분명 열람할 수 있을것이다.

이것이 확인되었다면 관리사무소로 달려가길 바란다. 관리사무실을 통해 관리비청구서의 명의자를 확인해야 한다. 분명 전입자 명의는 아닐 것이다. 그밖에 도시가스공사나 전력공사에 공과금통지서의 수령인이 누구인지 알아보는 것도 좋은 방법이 될 것이다. 가족관계로 추정된다면 가족관계등록원부나 주민등록초본, 등본 등을 떼어볼수 있으면 금상첨화겠지만, 입찰단계에서는 불법이므로 조심하길 바란다.

마지막으로 현장을 직접 방문해 거주자를 만나보는 것도 좋다. 그러나 그냥 들어가면 문전박대가 당연할 것이오, 필자의 경험상 문전

박대를 잘 당하지 않는 멘트가 있다. 책에서는 밝히기 어려운 부분이니, 필자가 경영을 맡고 있는 우리옥션 사이트 내에서 wooriauction 아이디로 쪽지를 보내면 답하는 방향으로 하는 것이 좋을 것 같다.

이 정도 준비했다면 이제 응찰해도 문제가 없다. 요즘은 과거와 달리 가벼운 위장임차인들의 물건은 경쟁자가 많아 적정수익을 챙길 만한 가격에 낙찰받는 횟수가 조금 적어지기는 했지만, 아직도 일반인들이 파헤치기에 난이도가 있는 것들도 많이 있다. 그러한 물건 또한 필자가 위에 나열한 방법 안에 모두 있으니 현장조사를 적극적으로 해보길 바란다. 그 노력이 일반인들의 1년 연봉의 수익을 가능케 할 수 있을 것이다.

허위임차인 명도는 어떻게 할 것인가?

성공적으로 낙찰을 받았다면 이젠 해결해야 할 일만 남았다. 위장임차인들은 어차피 돈이라는 목적 달성을 위해 가면을 쓰고 덤비는 사람들인 만큼, 인격적으로 접근할 필요가 없다. 경매서적 1~2권 읽고 상대를 구별하지 않고 음료수 한 박스씩 들고 많이들 찾아가는데, 위장임차인에게는 절대 그럴 필요도 의미도 없다는 이야기이다. 위장임차인과의 한판 승부라고 생각하고 적절한 회유와 협박으로 협상의 칼자루를 빼앗기지 말아야 한다.

위장임차인의 대한 해법으로는 대부분 명도소송이나 임차권부존재 확인소송을 흔히 생각하는데, 말은 멋있지만 좋은 방법은 아니다. 증거만 명확하다면 인도명령 절차에서도 간단하게 강제집행을 할 수 있는 권원을 받아낼 수 있다.

참고로 인도명령절차란 점유자를 상대로 법원에 인도명령신청을 하여 인용이 되면 인도명령결정문이 점유자와 낙찰자에게 각각 송달이 된다. 인도명령결정문이 나오면 언제든 강제집행을 통해 명도를 마무리 할 수 있으니 확실한 명도에 있어서 절대강자가 되는 것이다.

우선, 낙찰이 된 후 법원 경매계를 통해 경매기록 열람 및 등사를 신청해 임차인이 제출한 임대차계약서와 권리신고서를 유심히 살펴보아라. 허술하게 작성되어 있을 가능성은 90% 이상인데, 혹시라도 이쪽에 유리한 증거라고 판단되면 인도명령신청 시 증거로 첨부하길 바란다. 인도명령 신청 후 결정 전까지 약 2주~한 달 정도의 시간이 걸리는데, 그때까지 마냥 기다리지만 말고 임차인에게 접근해 협상을 시도해야 한다. 시간이 곧 수익률이다. 물론 말이 협상이지 근 시일 내에 집을 비워주지 않는다면 형사고소를 하겠다고 경고하는 과정이라 생각하라.

진정한 임차인이라면 당당하게 이사비를 요구할 텐데, 제 발 저린 위장임차인은 이사비는 말도 못 꺼내고 형사고소만 안 한다면 최대한 빨리 이사하겠다고 쉽게 꽁무니를 내릴 수 있다.

그러나 임차인이 쉽게 포기하지 않는 경우가 있다. 그럴 때는 입찰방해죄를 죄명으로 하는 형사고소장을 작성해서 임차인의 면전에 대고 흔들어 보이길 바란다.

계속 버티던 임차인도, 더 이상 협상은 없고 곧바로 고소장 접수하겠다며 발걸음을 돌리는 순간, 바짓가랑이를 잡고 늘어지며 선처를 바랄 것이다. 어차피 돈이 목적이었던 사람이니 만큼 돈만 포기하면 되는 임차인에게 형사고소는 사실 무척이나 두려운 압박수단인 것이다.

위장임차인에 대한 엄정한 대처를 위한 법조항
협법상 강제집행면탈죄(형법 제327조), 입찰방해죄(형법 제315조), 사기죄(형법 제347조), 주거침입, 퇴거불응죄(형법 제319조), 사문서 위조죄, 변조죄 (형법 제231조), 강제집행면탈죄(형법 제327조)

이럴 땐 허위임차인으로 의심하라

1. 경매가 넘어가기 직전 또는 2~3개월 전에 임대차계약이 체결
2. 은행의 저당액(빌린 금액)과 임차보증금을 합한 금액이 시세보다 높다(은행은 바보가 아니다).
3. 주변시세와 비교해 보았을 때 '임대보증금/월세' 차이가 큰 경우
4. 전입되어 있는 임차인이 미성년자인 경우
5. 소유자와 임차인이 인척 관계인 경우
6. 1개월 이내에 여러 사람들이 임차인으로 등재된 경우

허위임차인 확인법

1. 주민등록열람

　　가족관계 등록부를 발급받아 친·인척 관계를 확인하며 임차인과 소유자의 관계를 적극적으로 파악해야 한다.

2. 주변 탐문

- 경비실 및 관리사무소, 슈퍼마켓, 세탁소나 이웃집으로부터 실제로 살고 있는 사람을 확인한다.
- 관리사무소에서 관리비 고지서의 명의자를 확인한다.
- 전기, 수도 및 도시가스 등 공과금이나 각종 우편물의 수취인이 누구 앞으로 발송되는지 확인한다.

3. 금융기관 확인

　　가장 확실한 방법으로는 앞서 언급한 적이 있듯이 해당 경매물건에 돈을 빌려준 금융기관(저당권자)에 무상거주확인서가 있는지 확인한다. 은행은 선순위 가장 임차인의 보증금 금액만큼을 제외하고 대출을 해주지 않는 이상, 선순위임차인이 아니라는 확인서가 분명 있을 것이다.

4. 계약서 확인

　　법원으로 제출된 계약서를 확인하여 허위의 여부를 판단해야 한다. 소유자 주소 및 물건지 주소와 임차인의 주소를 비교해보고 전혀 다른 곳이라면 중개업소에 확인하여 허위임을 확인할 수 있고, 당사자 간에 작성된 경우에는 기재사항이 부실하게 작성되었을 가능성이 높다. [참고– 1촌 간의 임대차계약=임차인 불인정]

세 번째 우물
'법정지상권(지료수익률)' 정복하기

법정지상권이란?

토지와 그 토지 위의 건물 또는 입목이 동일한 소유자에게 속하다가 토지와 그 토지 위의 건물 또는 입목의 소유자가 달라지는 경우에 토지소유자가 그 토지 위의 건물 또는 입목의 소유자에 대하여 지상권을 설정한 것으로 본다.
해설: 별도로 해당 토지를 사용하기 위해 등기부에 지상권을 설정하지 않았다고 하더라도 소유권이전을 통해 토지와 건물 중 건물만 타인에게 매매를 한 경우, 등기부에 지상권을 기입한 것과 관계없이 지상권(토지를 사용할 수 있는 권리)을 건물만 구매한 자에게 인정해주는 권리를 법정지상권이라고 한다.

필자가 고수익의 유형으로 가장 좋아하는 수익모델이 바로 법정지상권이다. 법정지상권이 성립될 수 있는 물건을 잘못 낙찰받으면 낙찰받은 토지 위에 타인의 건물이 있기 때문에 사용하지도 못하는 최악의 상황이 발생하게 된다. 당연히 최저가는 하염없이 떨어진다. 법정지상권이 성립될 수 없는 기준들을 명확히 파악하여 입찰 들어갈 수 있는 내공을 가진 고수들이나 낙찰을 받아 법정지상권을 주장하는 건물주의 건물을 철거시키고 큰 고수익을 얻는 것으로 널리 알려져 있지만, 필자는 낙찰 뒤 법정지상권이 성립해도 고수익이 가능하며, 성립하지 않아도 고수익이 가능한 방법이 있다.

먼저 기본적으로 법정지상권의 성립 기준을 알아야 한다.

법정지상권 성립기준   📍 Tip

1. 저당권이 설정 될 당시에 토지 위에 건물이 이미 존재하고 있어야 한다.

해설: 토지 위에 은행을 통해 대출을 받고 등기부에 근저당권을 설정할 당시에 이미 건물이 존재하고 있었어야 한다. 만약에 저당권이 설정된 뒤에 건물을 신축한 경우에는 미래에 토지가 경매에 넘어갔을 시 법정지상권은 성립될 수 없으며 철거소송의 대상이 된다.

토지 위에 건물이 없다는 전제에 그 토지가치에 알맞은 금액을 대출해주며 토지를 담보로 잡아 저당권을 설정하였는데, 돈을 빌려주고 나서 건물이 지어졌다면 나중에 은행이 빌려준 돈에 대한 이자 또는 원금을 받지 못해 경매에 넘겼을 때 토지 위에 생긴 건물로 인해 토지를 마음대로 활용할 수 없는 토지가 된다. 만약 경매가가 하염없이 떨어져 낙찰되면 은행이 빌려준 돈을 전부 배당받을 수 없는 일이 발생하기 때문에 저당권설정 시점을 기준으로 법정지상권의 성립여부를 판단한다.

2. 저당권이 설정될 당시에 토지와 건물의 소유자가 동일해야 한다.

해설: 경매로 넘어가기 전 저당권 설정 당시에 토지만이 소유자 것이고 건물은 타인 소유의 것이었다면, 법정지상권은 성립되지 않아 토지낙찰자에게 건물주가 대항할 수 없고 철거소송의 대상이 된다는 이야기다.

3. 토지와 건물이 어느 한쪽에 저당권이 설정되거나 양자 위에 저당권이 설정되어야 한다.

해설: 어렵게 생각할 필요 없다. 은행의 저당권을 보호하기 위해 생긴 것이 법정지상권의 최초 취지이기 때문에 저당권도 설정되어 있지 않은 토지 경매물건은 법정지상권을 언급하지 않겠다는 말이다.

4. 경매로 인하여 토지와 건물이 소유자가 달라져야 한다.

해설: 저당권설정 시점에 토지와 건물의 소유자가 동일했다가 저당권설정 이후 건물의 소유자가 달라진 채로 경매에 넘어갔을 때 낙찰자로부터 건물 소유자의 건물을 보호하는 법정지상권을 이야기할 수 있다는 말이다.

반대로 토지와 건물의 소유자가 동일인이었는데, 건물이 아닌 토지만 타인에게 매매하여 토지소유자와 건물소유자가 각각 달라졌을 때에만 건물 소유자는 토지낙찰자에게 법정지상권으로 대항할 수 있다.

※참고: 법정지상권의 기준에는 건물이 불법건축물, 보존등기가 되지 않은 건물, 무허가건축물 등에 상관없이 성립이 된다.

위 내용을 그림으로 그려 가면 이해해보길 바란다. 법정지상권으로 고수익을 내기 위해서는 꼭 알아야 한다. 필자도 글을 쓰며 최대한 쉽게 이야기하려 해도 경매 자체가 법률인지라 어느 정도 한계는 있는 듯하다.

예를 들어 토지를 낙찰받았는데, 성립이 안 될 줄 알았던 토지 위에 건물이 법정지상권 성립이 된다면 상당한 시간동안 토지를 이용할 수 없게 된다. 기준은 공작물 5년, 보통의 건물 15년, 견고한 건물 30년 끔찍하지 않은가? 그렇기 때문에 법정지상권이 성립할 것 같은 건물은 감정가 대비 20%까지 떨어져도 입찰하지 않는 이유이다. 물론 법정지상권이 성립될 수 없는 위 대표적 기준을 벗어나는 근거를 확보했다면 낙찰 후 엄청난 수익을 만들어 낼 수 있지만 말이다.

낙찰받은 토지를 당장 이용하는 것이 아닐 경우

낙찰받아 당장 토지를 꼭 이용해야 하는 경우가 아니라면 법정지상권 성립 유/무를 신경 쓰지 마라. 조금 엉뚱하고 황당한 이야기처럼 들리는가? 그렇지 않다. 법정지상권이 성립될 수 있는 건물이 있는 토지는 보통 감정가 대비 20~30% 사이까지 최저로 떨어져 있다. 이러한 물건은 위 법정지상권 성립기준을 토대로 꼼꼼히 조사를 해보길 바란다.

대표적으로 토지 위에 은행의 저당권이 설정될 시점에 건축물이 있었는지 없었는지의 여부를 파악하고 물증을 확보할 수 있는 가장 확실한 방법은 건축업자와 함께 현장조사를 하여 건축을 할 때 들어간 재료들을 살펴본 뒤, 저당권 설정 당시 시점에는 공급되지 않고 저당권설정 이후에 공급된 재료들이 있는지 파악해 보는 것이다. 저당권 설정시점에 이미 건물이 있었다면 저당권 설정 이후 공급되기 시작한 건축재료들이 사용될 수 없다.

또한 건축된 시점이 언제쯤인지 얼마의 기간이 지난 건축물인지 객관적으로 볼 수 있는 전문가들과 함께 현장조사를 하여 파악하는 것이 굉장히 중요하다. 이러한 과정을 거쳐 법정지상권이 성립할 수 없어 건물이 철거소송을 통해 철거시킬 수 있는 대상이라는 것이 확실해졌다면, 응찰하여 소송을 통해 철거하면 고수익이 보장이 된다.

하지만 만약 법정지상권이 성립이 되지 않더라도 전혀 걱정을 할 필요가 없다. 지금부터가 중요하다. 예를 들어 시세가 10억 원인 토지를 법정지상권 성립 여지가 있는 건축물 때문에 2억 원에 낙찰을 받았다고 치자. 만약 법정지상권이 성립된다면 건물주는 해당 토지를 공짜로 사용할 수 있을까?

아니다. 토지를 사용하는 데 있어서 지료를 내며 사용해야 한다. 지료는 당사자 간의 협의로 결정할 수도 있으나, 합의가 되지 않는 경우 법원 감정평가액의 연 5~7% 정도에서 지료를 내게 되어 있다.

자, 그럼 계산해보자. 감정평가액을 기준으로 지료를 산정 받는다고 한다면 10억 감정가의 5%인 2억에 낙찰받았다. 투입된 금액은 2억이며 감정가 대비 5%의 지료를 받을 수 있으므로 연 5,000만 원, 월로 계산하면 월 400만 원의 임대수익이 발생하는 것과 같다.

상상이 가는가? 강남역 3번 출구 앞에 있는 수요 많고 회전율 좋은 도시에 빛이라는 오피스텔도 매매가 2억 9,000만 원인데, 월 임대료는 보증금 1,000만 원에 월세 100만 원이다. 웬만한 임대수익을 초월하는 초고수익이 되는 것이다.

지금 이 글을 읽고 잠시 독자는 '오~' 하면서 이런 의문이 들 것이다. '돈을 주겠어? 안 주면 어떡해?'

좋은 생각을 했다. 맞다. 지료를 제대로 주지 않고 버티는 경우도 꽤 있다. 하지만 또 걱정하지 마시라.

법정지상권은 연 단위로 1회씩 보통 지료를 내게 되는데, 정해진 지료를 2번 이상 연체하는 경우에는 토지소유자는 법정지상권의 소멸을 청구할 수 있으며, 지료 연체를 이유로 지상건물에 대하여 강제경매를 신청하거나 건물을 철거시킬 수 있다.

낙찰 후 지상건물에 지료를 이유로 가압류를 해두고 곧바로 지료청구소송을 제기한다. 지료는 앞서 이야기한 것과 같이 낙찰가의 5~7%

가 아닌 감정가의 5~7%선이다. 물론 소 제기 전에 협의하여 지료를 결정하도록 되어 있지만, 지료 협의는 쉽지 않다. 낙찰자는 더 받으려고 하고 건물소유자는 어떻게든 적은 지료를 지급하려고 하기 때문이다. 판례의 지료산정기준이 명확하지 않은 것도 협상 불발의 요인이 되기도 한다.

지료 협상이 결렬된다는 것을 전제로 지료청구소송을 제기한다. 소송상의 쟁점은 단순하므로 방법은 그리 어렵지 않기 때문에 변호사 도움 없이 나 홀로 소송도 충분히 하고도 남는다. 소송은 약 6개월 정도 걸릴 것이고 상대방이 불복하여 항소, 상고를 제기하면 1년은 순식간에 지나간다. 그러다가 판결이 최종 확정되면, 상당 기간 내에 판결로 인정된 지료를 지급하라는 내용증명을 발송한다. 그러나 대출이자도 못 낼 만큼 경제적 자력이 없는 건물주가 지료 지급일을 차일피일 미루게 될 것은 불 보듯 뻔한 일이다. 그럼 곧바로 건물을 압류하고 경매를 신청한다.

경매를 막고자 건물주가 어디서든 돈을 구해 지료를 지급하면 그것으로 소기의 목적은 달성된 것이고, 그렇지 않고 경매가 계속 진행되는 중에 최초 낙찰일로터 2년이 경과하면, 지료 연체를 이유로 법정지상권 소멸을 청구하는 내용증명 한 통을 보내면 된다.

법정지상권은 형성권이므로 상대방의 의사와 무관하게 법정지상권이 소멸될 수 있다. 보관하고 있던 발신자용 내용증명을 증거로 건물철거소송을 제기한다. 물론 사전에 건물철거를 전제로 처분을 금지하는 처분금지 가처분을 걸어둔다. 경매가 진행되는 중 건물철거소송이 제기되면 물건명세서에 건물철거소송 진행 중이라는 공지가 뜨게 된다. 공지가 안 된 채 경매가 진행되면 법원에 공지를 요청하는 의견서를 접수한다. 물론 소송이 진행 중이라는 자료를 증거로 첨부한다.

이렇게 되면 토지소유자 외에 일반인들은 아무도 이 물건에 응찰하지 않을 것이다. 결국 하염없이 유찰되어 최저가는 바닥으로 떨어질 것이고, 그때 낙찰자가 단독으로 응찰하여 건물을 바닥금액에 낙찰받는다. 낙찰대금 중 일부는 지료와 상계 처리해 버리고 잔액만 납부하면 된다. 보통 법정지상권 물건은 이런 방식으로 처리가 되고 결국 낙찰자는 토지와 건물을 모두 헐값에 매입하는 결과가 되어 최고의 고수익을 얻을 수 있다. 위 내용은 필자가 2009년도 감귤과 한라봉이 무럭무럭 자라는 서귀포에서 경험한 사례이기도 하다.

비밀열쇠

법정지상권이 성립하지 않는 건물을 낙찰받았다면 어떻게 처리를 해야 할까? 먼저 건물 철거를 무기로 일정기간을 정해놓고 협상을 시도한다. 협상이 요원해 보이면 곧바로 지료를 이유로 가압류를 걸어두고 그 밑에 건물 철거를 전제로 처분금지 가처분도 걸어두어야 한다. 그리고 곧바로 건물철거소송을 제기한다. 물론 철거될 때까지의 지료를 함께 청구하는 것도 잊어버리면 안 된다. 소송은 쟁점이 간단한 만큼, 6개월 이내에 종료가 될 것이다.

다만 건물철거소송 진행 중에 판사의 주재로 조정기일이 잡히는 것이 통상인데, 이 조정절차에서 판사는 소송에서 불리한 피고 즉 건물소유자에게 토지를 시세대로 사거나 건물을 헐값에라도 원고에게 매도하라고 권한다. 물론 그 조건이 원고 즉 낙찰자가 받아들일 수 없는 조건이라면 낙찰자는 조정을 거부한다. 낙찰자의 승소는 예정되어 있기 때문에 판사는 원고의 눈치를 살살 보면서 어떻게든 피고를 설득하려 할 것이다. 그래서 피고의 건물을 시세의 약 6분의 1정도 선에서 매각하는 조건으로 최종조정안을 제시하고 피고(건물소유자)는 눈물을 머금고 받아들인다. 원고도 그 정도면 소송의 장기화 및 철거비용 등을 고려해볼 때, 받아들일 만하여 조정이 성립된다. 이로써 매매계약은 성립되고 낙찰자는 땅과 건물을 시세의 절반도 못 미치는 가격에 매입한 결과가 된다.

만약 조정이 결렬되면, 결국 토지소유자는 건물을 철거하고 지료를 지급하라는 판결을 받게 될 것이다. 어차피 승소할 판결, 애매한 조정기일 때문에 약 2개월의 시간이 낭비될 수 있다. 그러니 애초부터 조정성립이 요원해 보이면 조정의사 없음을 소송 초기부터 명확히 밝혀 소송기간을 단축시키는 것이 좋다.

일단 1심 판결이 선고되면 지료를 이유로 건물에 경매를 신청한다. 지료판결은 가집행이 가능하여 피고가 항소를 해도 경매를 진행할 수 있다. 결국 피고가 항소를 해도 건물 철거는 지연될지언정 건물에 대한 경매는 진행할 수 있다. 그러나 건물철거소송이 진행되는 건물에 응찰할 사람이 누가 있겠는가? 토지낙찰자가 아니라면?

적정할 때를 골라 건물을 헐값에 낙찰받으면 된다. 한편 경매진행 중에 피고 즉 건물주가 협상을 요청해 올 것이 분명한데, 그때 협상조건이 적당하면 합의하고 소송을 취하한다. 끝까지 가보아야 수익률 면에서 큰 차이도 없고 앙금만 깊어질 것은 자명한 일이다. 괜한 원한을 사서 여러모로 피곤할 필요는 없지 않은가.

법정지상권이 성립되거나 그렇지 않거나 건물주는 경제적으로 열악한 상황에 처해 있는 만큼 협상 제안은 반드시 있을 것인데, 그때 법적으로 처리하면 건물주에게는 남는 게 하나도 없을 것임을 강하게 주지시켜 유리한 조건으로 협상안을 이끌어내는 것이 굉장히 중요하다.

서로 간에 감정의 골이 깊어져 소송절차에서 끝장을 보겠다고 마음먹고 움직이면, 철거 판결이 최종적으로 확정되어 집행까지 걸리는 시간이 2년 이상임을 고려할 때 수익률면에서 결코 바람직한 선택은 되지 못한다. 이 점을 유념하고 차익이 조금 적어지더라도 협상으로 조기에 종결하는 것이 좋다고 필자는 생각한다. 조기 협상을 통해 마무리 짓는 것의 중요성은 법정지상권만이 아닌 유치권에서도 마찬가지이지 꼭 명심하길 바란다. 힘이 있다고 하여 그 힘을 잘못 이용하면 그 또한 나의 업이 되어 인과응보의 법칙대로 내게 돌아오게 될 것이다.

이쯤에서 독자의 마음속에서 생기고 있는 푸른 꿈을 잠시 깨뜨려야 할 것 같다. 경매가 참 쉬울 것 같지 않은가? 하지만 실제로는 곳곳에 수많은 난관과 복병들이 도사리고 있고, 법정지상권 물건으로 고수익을 내는 사람들은 경매고수들 중에서도 그리 많지 않다. 법정지상권 물건에 도전할 만한 충분한 내공이 없는 이들은 고수익만 바라보며 섣불리 법정지상권 물건에 도전했다가, 그때 받은 스트레스가 너무 커 영영 경매계를 떠난 사례가 실제로 굉장히 많다. 만약 그런 고생은 싫고 고수익을 바란다면 수익률 200% 만들 것을 180%만 만든다는 생각으로 나머지 20%는 전문가에게 주고 전문가에게 의뢰를 하여 진행하는 것이 어쩌면 더 현명할지도 모른다.

가끔 서점에 들러 경매 서적들을 보다 보면 하나같이 작은 종잣돈으로 큰돈을 벌 수 있다고 외치고 있지만, 그 안을 들여다보면 무협지와 다를 것이 없다. 잊지 마라! 경매는 접근은 쉬우나 과정은 결코 편안하지 않다. 🎙️

[이것만은 조심하자!]

앞 법정지상권의 논리로 수익을 보고자 토지를 낙찰받을 때 지상의 건물이 있을 것이다. 이때 지상의 건물이 '무허가'라면 앞 논리는 성립되지 않는다. 토지에 대한 지료를 내지 않는 것을 이유로 부당이득반환청구권 채권을 가지고 건물에 강제경매를 신청, 저가 낙찰을 받아 토지와 건물의 온전한 소유자로서 자본수익(시세 차익)을 만들어내야 하는 데, 그 과정에서 건물이 무허가라면 강제로 등기하여 경매신청을 할 수 없기 때문이다. 따라서 해당 관공서 건축과 등을 통해 지상의 건물이 허가를 받은 기록이 있는지 확인해야 한다. 허가는 있는데 사용승인을 받지 않아 건축물대장과 등기가 없는 것이라면 상관없다. 허가가 있으면 강제로 대위 등기하여 경매를 진행시킬 수 있기 때문이다.

그리고 정상적으로 부당이득반환청구권 채권을 가지고 건물을 경매 진행시킨 뒤 저가 낙찰을 받았다면, 건물에 대한 '사용승인'을 받기 위해 건축허가권을 전 소유자로부터 승계받은 후 사용승인을 받아야 한다. 아래 내용을 참고하길 바란다.

건축법 시행규칙 제11조 (건축관계자 변경신고)
①법 제11조 및 제14조에 따라 건축 또는 대수선에 관한 허가를 받거나 신고를 한 자가 다음 각 호의 어느 하나에 해당하게 된 경우에는 그 양수인·상속인 또는 합병 후 존속하거나 합병에 의하여 설립되는 법인은 그 사실이 발생한 날부터 7일 이내에 별지 제4호서식의 건축관계자변경신고서에 변경 전 건축주의 명의변경동의서 또는 권리관계의 변경 사실을 증명할 수 있는 서류를 첨부하여 허가권자에게 제출(전자문서로 제출하는 것을 포함한다)하여야 한다.

[개정 2006.5.12, 2007.12.13, 2008.12.11, 2012.12.12]
1. 허가를 받거나 신고를 한 건축주가 허가 또는 신고 대상 건축물을 양도한 경우
2. 허가를 받거나 신고를 한 건축주가 사망한 경우
3. 허가를 받거나 신고를 한 법인이 다른 법인과 합병을 한 경우

박스 안의 별색으로 표시된 글을 보자. 이해가 되는가? 원칙적으로 건축관계자 변경신고서에 명의변경동의서를 받아가야 하는데 권리관계의 변경 사실을 증명할 수 있는 서류가 있다면 그것으로도 족한다는 내용이다.

그리고 판례를 보면 민사집행법상 경매 절차를 통하여 낙찰을 받고 잔금 납부를 한 확인서도 권리관계의 변경 사실을 증명할 수 있는지의 여부에 대하여 '적극'하였다. 무슨 소리냐면 '인정해준다'는 뜻이다. 앞서 언급했지만 허가사항이 아니라 신고사항이기 때문에 시청 건축과를 가서 경매 '잔금납부완납증명서'를 제출하고 신고만 하면 처리가 된다는 이야기다.

단, 잔금 납부 후 1주일 내에 신고하여야 된다는 점은 명심하자. 그리고 시청을 찾아가 문의를 하면 공무원들도 잘 모르기 때문에 앞 시행규칙의 내용을 인쇄해 가서 직접 확인해보라고 하면 된다.

네 번째 우물
'대지권미등기' 유형과 고수익

대지권은 보통 다세대나 아파트 같은 집합건물에서 나오는 개념으로 간단히 설명을 하면 대지를 사용할 수 있는 권리를 말한다. 쉽게 말해 '대지권'이 있다는 말은 건물이 철거되지 않고 존속할 수 있는 권리가 있으며, 대지의 사용이 부당이득이 되지 않는다는 말이다.

아파트 같은 경우 등기부등본을 열람해 보면 물건의 형상을 표시하는 표제부가 가장 앞장에 있다. 표제부에는 1동의 건물 전체를 떠받치고 있는 대지 전체를 표시하는 난이 있고, 특정 호수를 지분비율형식으로 나눈 토지를 표시하는 난이 있는데 전자가 대지권의 목적인 토지이고, 후자가 바로 대지권이다. 아파트 등기부등본을 보았을 때 대지권에 대한 표시가 없다면 토지에 해당 아파트 각 호수마다 토지에 대한 대지권비율이 표시되어 등기가 되지 않았다는 뜻이다.

만약 '대지권미등기'의 이유가 진짜 대지권이 존재하지 않은 이유에서라면 토지에 대한 권리가 없는 자로서 미래에 재개발 또는 재건축 시 혜택을 받지 못하며, 이러한 아파트는 매도 시 제값도 못 받게된다. 그렇기 때문에 '대지권미등기'의 경우 대지권 유/무의 파악의 기술을 알지 못하여 옥석이 가려지지 않은 채 낙찰이 제때 되지 못하고 하염없이 최저가가 떨어지게 되는 경우가 발생한다. 이렇게 모두가 등 돌리는 가운데 누군가는 낙찰을 받고 고수익을 만들어내는 자가 있으니 역시나 고수들의 먹잇감인 것이다.

'대지권미등기'를 단어 그대로 해석해보면 대지권에 대한 등기가 되어 있지 않다는 것이다. 하지만 대지권에 대한 등기가 되어 있지 않다고 해서 대지권에 대한 권리가 없는 것인가? 그렇지 않다. 그렇다면 고수익을 내기 위해서 우리가 해야 할 것은 무엇인가? '대지권미등기'

103

건물이지만 대지권에 대한 권리가 있는 경매물건을 찾아내면 정상적인 낙찰가보다 더욱 낮은 금액으로 큰 경쟁 없이 낙찰받을 수 있는 것이다. 지금부터 '대지권미등기' 경매물건의 옥석을 가려 고수익을 내는 방법을 풀어놓도록 하겠다.

대지권미등기가 발생하는 이유

1. 애초부터 대지사용권이 없는 건물 즉, 건물주와 토지소유자가 다른 상태에서 대지를 사용할 수 있는 법적인 권리에 대한 약정이 전혀 없이 건물 건축이 진행된 경우

2. 전체 건물이 대지사용권은 있지만, 대지 규모가 광대하여 합필, 분필 등의 절차가 지연되거나 혹은 토지구획사업, 도시재정비사업 등의 일환으로 건물이 축조되는 경우에 행정 절차의 지연으로 대지권등기가 늦어지는 경우

3. 대지권의 목적이 되는 토지 자체의 권리관계가 너무 복잡하여 권리관계가 정리될 때까지 대지권등기가 지연되는 경우

4. 대지에 건물과 별도의 등기 즉, 토지별도등기가 기재되었다가 토지별도등기권자가 토지에만 경매를 진행하여 토지와 건물의 소유자가 변경되는 겨울에 건물소유자가 대지사용권을 잃게 되어 대지권등

기를 할 수 없는 경우

　이렇게 4가지 경우가 있다. 위 4가지의 경우에 첫 번째의 경우는 낙찰 후 대지권등기를 할 수 없다. 하지만 그 외의 경우에는 대지사용권은 분명히 존재하고 대지와 전유부분을 분리하여 처분할 수 있도록 하는 내부 규약이나 공정증서도 없어, 전유부분과의 일체불가분성이 인정되는 대지권이 성립되었지만 대지권 등기만 되어 있지 않은 경우에는 낙찰로 대지권을 취득할 수 있다.

　여기서 '경매를 잘한다' 하는 사람들 또한 상당히 착각하고 있는 경우 중의 한 가지는 대지가 감정평가금액에 포함이 되어 있다면 대지권이 있다고 착각을 하는 것이다. 그러한 무지와 착각으로 낙찰을 받았다가는 극단적인 경우 투자금액의 절반도 회수하지 못할 수 있다. 대지가격이 감정평가금액에 포함되었느냐 여부는 관계가 없다는 말이다. 애초 대지사용권이 존재하고 대지사용권의 분리처분규약이나 공정증서가 없다면 대지권은 전유부분과 분리하여 처분될 수 없다는 법리 때문에 낙찰자는 대지권을 취득하는 것이다.

　필자가 대지권미등기이지만 대지권이 있는지 없는지 알아볼 수 있는 방법 중 가장 많이 채택하는 방법은 해당 물건의 '분양공급계약서'를 확인하는 것이다. 분양공급계약서를 살펴보았을 때 대지권에 대한 권리가 일정비율로 존재한다면 해당 경매물건은 낙찰받아도 된다. 경매초보자들이 '대지권미등기'를 보며 '이런 물건을 어디다가 쓴담?'

하며 뒤돌아설 때 당신이 가장 먼저 해보아야 할 것은 분양공급계약서를 꼭 추적해 확인해 보길 바란다. 그러한 노력이 추가됨으로써 직장인 1년 연봉 이상의 수익을 낼 수 있을 것이다.

다섯 번째 우물
'토지별도등기' 유형과 고수익

토지별도등기는 아파트나 다세대의 경우, 건물등기와 다른 등기가 토지등기부에 기재되는 경우이다. 이것을 '토지별도등기'라고 하는데 건물등기와 다른, 토지만의 별도의 등기가 토지등기부상 존재하고 있다는 의미이다.

집합건물의 등기부등본을 열람해 보면 알 수 있겠지만, 토지별도등기는 대지권의 목적인 토지에 설정되는 경우도 있고 일정비율로 나누어진 대지권에 설정되는 경우도 있다. 그러나 별다른 효력상의 차이가 있는 것은 아니므로 여기서는 함께 검토해보자.

토지별도등기는 어떤 경우에 생기는 걸까?

현실에서 토지별도등기는 토지소유자가 토지를 담보로 하여 대출을 받은 뒤 건축을 하는 경우처럼 건물이 축조되기 전에 이미 토지상에 근저당이 설정되어 있거나, 아니면 다른 채권자들이 이미 토지상에 가압류나 가등기 등을 설정해 둔 경우에 발생할 수 있다. 건물 축조 전, 즉 대지권 개념이 성립하기도 전에 이미 토지에 근저당권 등의 등 기가 되어 있었던 경우이므로 건물등기와 토지등기의 내용이 다른 것이다.

이런 경우는 대지권등기 전에 토지에 등재된 별도의 등기이므로 공시할 필요가 있는데, 그런 취지에서 경매사이트에 '토지별도등기 있음'이라는 표시가 생겼다. 토지별도등기의 경우 재건축이나 재개발 혹은 신도시개발 일환으로 하는 대단위 아파트 건설 사업에서는 사전에 철저한 자금계획과 관리하에 진행되기 때문에 토지별도등기가 생길 가능성이 높지 않다. 주로 영세한 규모의 건설사가 시행하거나 시공하는 나 홀로 아파트나 빌라 건축 시에 토지별도등기가 많이 발생하니 참고하길 바란다.

토지별도등기의 유형을 분석하다 보면, 다음과 같은 유형이 있는데 이런 경우에는 별 주의 없이 응찰해도 관계없다. 대지권의 목적인 토지 지하에 지하철이 이동하기 위해 지하철 관련 구조물이 있다는 취지의 구분지상권이 토지별도등기의 내막인 경우처럼 온전한 소유권 행사에 전혀 관계없는 별도등기가 있고, 토지등기부등본을 꼼꼼히 검토해 보면 이미 깔끔하게 정리된 상태인데도 토지별도등기의 공지가 삭제되지 않은 채로 남아 있는 경우는 편안히 응찰해도 되는 물건이다. 하지만 이러한 경매물건은 누구나 편안히 응찰한다는 점을 감안할 때 고수익의 모델이 되지 못한다.

정말로 고수익이 되는 모델은 토지별도등기의 내용이 저당권이나 가압류, 가처분 심지어는 선순위지상권인 경우가 있는데, 이런 경우는 절대적으로 주의를 요하는 물건이다. 그리고 이 안에 고수익이 기다리고 있다. 한 번씩 서점에 가보면 별다른 위험 없으니 고수익을 노린다면 과감히 도전해 보라고 권하는 책들을 종종 보는데, 열 번 잘해도 한 번의 실수에 의해 나락으로 떨어지고 마는 것이 경매의 현실이다.

지금부터 토지별도등기의 해법을 살펴보기로 하자. 법원에서 토지 저당권의 인수나 토지에 설정된 가압류, 가처분 등의 인수를 특별매각조건으로 내걸고 경매를 진행하는 경우, 낙찰 후 토지저당권 중 자신의 대지권 지분만큼 말소시킬 수 있는지 근저당권자와 사전에 협의한 후 응찰해야 한다. 아니면 적어도 자신의 지분만큼의 말소를 막기 위해 얼마의 금액을 내면 자신의 지분만큼의 대지권등기는 살려줄 수 있는지 파악해야 한다. 그것에 대한 협의가 이루어지면 응찰을 해도 좋다.

한 가지 덧붙여 토지별도등기의 내용이 가처분이나 가등기처럼 지분으로 쪼갤 성질의 것이 아니면 토지 전체에 대한 분쟁이 해결되지 않는 한 토지별도등기의 해결은 어려울 것이므로 이때에는 응찰을 절대 하지 말기를 바란다. 곧 지옥으로 뛰어드는 길일 것이다. 특히나 이런 유의 토지별도등기 물건은 은행에서 대출 취급을 하지 않는다. 그러므로 해당 낙찰물건에 대한 경매대출을 받지 못한 채 잔금 납부를 해야 한다는 점에서 자금계획을 철저히 세워야 한다.

만약 토지별도등기가 저당권이라면 먼저 토지등기부등본을 꼼꼼히 살펴보고, 이미 다른 호수에 대하여 대가를 받고 그 지분만큼 저당권을 포기해줌으로써 대지권을 지켜낸 사례가 기재되어 있다면 일은 쉽게 풀릴 것이다.

토지저당권자는 토지 전체를 경매에 넣어 목돈을 손에 쥐려는 목적보다는 건물소유자들에게 일일이 자신의 지분을 매각하기로 방침을 정했을 가능성이 높기 때문이다. 또한 다른 호수 중에 건물이 경매가 나온 사례가 있는지 찾아보고, 그때 어떻게 해결되었는지를 확인해 보아도 해법은 보일 것이다. 다른 호수의 경매사례의 검색은 우리 옥션사이트 내에서도 충분히 가능하다.

하지만 실제로 토지저당권자는 각 호수마다의 건물소유자들에게 대가를 받고 그 지분만큼 저당권을 포기하는 방법으로 해결하는 것을 선호하지 않는 편이다. 오랜 시일이 소요되고 이것저것 신경 쓸 일이 많기 때문이다. 그래서 필자는 물론, 날고 긴다는 경매고수들도 협상은 그리 호락호락하지 않다. 따라서 토지별도등기의 경매물건 중 저당권 인수부 특별매각조건이 붙어 있는 물건은 딱히 좋은 수익모델은 아니니 신중히 접근하기를 바란다.

하지만 이런 토지별도가 있는 물건의 경우 알아두면 유용한 해법이 있으니 꼭 기억하길 바란다. 토지별도등기권자가 은행 등 금융기관인 경우, 당해 경매절차에 참가하여 배당을 받아가는 경우가 있다. 당연히 토지별도등기권자는 대지의 매각대금에서만 배당을 받아가고 배당을 받아간 지분만큼 저당권을 일부 포기하게 된다.

자신의 건물에 대한 지분만큼 저당권이 말소된 결과 추후 저당권의 실행으로 낙찰자가 생겨도 자신의 건물만큼은 철거당할 일이 없어 안전한 경우인 만큼 이때는 당연히 응찰해도 문제가 없다.

실전에서 이런 경우를 찾아내고 싶다면 법원문건접수내역에서 토지저당권자의 배당요구 여부를 확인해보길 바란다. 또한 토지저당권자가 건물에도 저당권을 갖고 있다면 필히 대지에 대하여 배당요구를 할 것이기 때문에 이때도 문제없다고 판단해도 좋다. 토지별도등기권자들은 당해 경매절차에서 이해관계인이 되고, 따라서 법원은 최고서를 발송해 당해 절차에서 배당요구를 하고 별도등기를 말소하도록 종용하기도 하는데, 그래서 그런지 요즘은 토지별도등기권자들이 배당요구를 하는 경우가 많아지는 추세이다.

토지별도등기권자들이 배당요구를 한 뒤 일부라도 배당을 받아갔다면, 낙찰자의 대지지분에 대해서는 권리를 이미 행사한 것이기 때문에 전체 저당권 중 최소한 그 지분만큼은 말소되는 경우가 원칙이다. 그러나 가처분이나 가등기처럼 지분만큼 쪼갤 수 없는 권리도 있으니 꼭 신중할 필요가 있다. 토지별도등기권자들은 경매개시결정 이전에 등기가 된, 이른바 배당요구 없이도 당연히 배당받을 수 있는 자이기 때문에 배당요구 없이도 당연히 배당받는 것이 원칙이다. 그런데 지분으로 쪼갤 수 없는 권리들이 섞여 있어 법원에서는 위 법리대로 처리하지 않고 배당요구를 했을 경우에만 소멸하는 것을 원칙으로 삼고 있으니 배당요구의 여부를 꼼꼼히 살펴보고 응찰을 결심해야 한다.

여섯 번째 우물
'지분경매'의 고수익 모델

지분경매란 소유자가 1인 이상의 공동명의로 된 부동산이 개인 지분으로 경매 나온 것을 말한다. 예를 들어 남편과 아내 공동 소유한 아파트가 있다. 아내가 소유한 지분을 담보로 은행이 돈을 빌려주었는데, 갚지 못했을 경우 채권회수를 위해 은행이 경매를 진행을 할 때는 아내가 가진 지분만큼만 경매로 매각하게 되는 경우이다.

토지나 건물의 지분이 경매로 나오는 경우 일반인들은 일단 꺼려하게 되어 있다. 사실 지분경매투자를 통해 고수익을 낼 수 있다는 많은 강의와 책들을 보아왔지만, 실제로 고수익을 얻기까지의 과정 또한 순조롭지 못하다.

특히 지분경매가 어려운 것은 공유자우선매수청권의 존재하기 때문이기도 하다. A, B, C라는 3인의 공동소유경매물건 중 C의 소유 지분이 경매로 진행되어 D가 입찰을 통해 1등 최고가매수인이 되었다고 가정하면 집행관이 이렇게 이야기한다.

"공유자우선매수청권이 존재하니 공유자우선매수청구를 하실 분 있으십니까?"

이것이 바로 공유자우선매수청구권이다.

이때 공동소유자였던 A와 B에게는 특권이 생겨 이렇게 이야기한다.

"네, 제가 하겠습니다."

이 말의 의미는 낙찰자가 낙찰된 금액으로 자신이 매입할 것이니, 낙찰자는 집에 돌려보내라는 이야기이다. 결국 입찰에 참여한 D는 헛수고를 한 것이다.

이러한 취지의 공유자우선매수청구권이 생겨난 이유는 공유자(공동소유자)들은 대부분 어떤 인적인 끈이나 신뢰에 기초한 유대관계로 묶여 있는 경우가 많은데, 난데없이 제3자가 그런 공유자들의 영역 속으로 뛰어들어와 분쟁과 혼란을 야기하는 것을 막아보겠다는 취지의 규정이다.

지분경매의 경우 아무리 물건이 좋아 보여도 경매인들이 선뜻 다가서지 못하는 이유는 이 공유자우선매수청권의 강력한 파워 덕분인 것이다. 나름 고생해서 현장조사하고, 며칠 동안 고민하여 산정해낸 응찰가로 해당 물건을 낙찰받아도 허무하게 낙찰자로서의 권리를 빼앗기기 때문이다.

1. 토지

그럼에도 불구하고 도전해볼 결심이 선다면, 지분경매의 꽃은 '토지'라는 점을 명심하라. 지분으로 나온 토지를 낙찰받아 공유물 분할

소송을 거쳐 지분대로 분할하면, 그때부터는 공유물이 아닌 어엿한 단독소유로 변하는 매력 때문이다. 일반인들은 소송에 대해 상당한 부담들을 갖고 있는데 사실 공유지분에 도전하지 못하는 이유 중 가장 큰 것은 고비용에 장시간 소요되는 송사에 대한 부담감을 떨쳐버리지 못해서인 경우가 많다. 그러나 공유물분할소송은 생각만큼 어렵지 않고 비용도 생각만큼 들지 않는다. 공유물분할소송은 나 홀로 소송도 충분히 가능한데, 그럼에도 부담스럽다면 변호사를 선임해 해결해 나가도 좋다.

공유물분할소송의 진행 중에는 판사의 중재로 조정기일이 잡히는 만큼, 당일 변호사와 함께 출석해 토지의 효용가치를 최대한 높일 수 있는 방법을 다른 공유자들과 머리를 맞대고 고민해 볼 수도 있다. 만약 낙찰 당시에는 돈이 없었던 공유자들이 협상과 함께 소송이 진행되는 중에 어느 한 공유자가 경제적 여유가 생겨 낙찰가에 적정한 수익을 얹어 다른 공유자들에게 다시 매수 의사를 밝힐 수도 있다. 소송 기간은 5개월 정도 예상하고, 변호사의 수임료도 공유물을 분할하여 매각하였을 때 발생하는 차익에 비하면 미미한 수준이니 너무 부담 갖지는 않아도 될 것이다. 응찰 시에는 토지 분할 후의 용도까지 머릿속에 그려본 뒤 응찰하는 것이 바람직하다. 토지의 가치에 대한 판단, 그 활용에 대한 판단 부분은 독자에게 맡기고 긴 설명을 하지 않도록 하겠다.

토지의 경우 이렇게 '꽃'으로 불릴 만큼 인기가 있는데, 건물지분경매는 토지경매에 비해 반대로 인기가 없다. 공유물분할 소송을 통해서도, 건물을 쪼개는 것도 현실적으로 불가능하기 때문에 결국은 경매를 통해 건물 전체를 매각하여 그 대금을 나누어 가져야 하는데, 그때까지의 상당한 기간이 소요되기 때문이다. 물론 공유지분은 대출이 여의치 않아 목돈이 장기간 묶이게 되는 단점도 분명히 있다.

그러나 다가구주택이 지분경매로 나왔다면 다시 생각해볼 필요가 있다. 각자가 가진 지분만큼 공유물을 분할하고자 협상할 때 각자 각 호수마다 단독 소유를 할 수 있는 방법을 강구할 수도 있다. 다가구주택을 다세대로 전환하면서 각각 일부씩 소유하는 대안도 생각할 수 있다.

다가구 여러 호수 주택이 통으로 하나의 등기가 된 것
다세대 각각 호수마다 독립적 등기를 한 것 ⑩ 아파트, 빌라

2. 아파트

아파트가 지분경매로 나왔을 때 공유자우선매수청구권 행사의 난관을 넘어 무사히 낙찰을 받았다면, 나름 고수익의 모델이 될 수 있다. 우리가 잘 알다시피 타 부동산보다 상대적으로 아파트의 환금성이 높은 만큼 협의만 잘 이루어진다면 순식간에 차익을 실현할 수 있기 때문이다. 만약 순순히 협조해주지 않았을 때는 비장의 무기가 있으나,

용기 있는 자만 도전하기 바란다.

보통 아파트가 공동소유인 경우는 대부분 가족관계이다. 남편과 아내의 공동소유의 경우처럼 말이다. 예를 들어 둘 중 하나의 지분이 경매로 넘어와 낙찰을 받았는데 협조가 되지 않을 시 낙찰자도 지분만큼 공동소유자이니 당장 이불과 짐을 싸서 해당 아파트에 입주하길 바란다. 함께 점유를 하라는 것이다.

결과는 상상이 가는가? 어느 누가 자신들이 가족관계가 아닌 타인이 들어와 난데없이 함께 생활을 하겠다는데 기겁을 할 것이다. 아마 3일 내 급매로 내놓아 매매를 한 뒤 매각대금에서 지분만큼을 나눠 가질 것이다.

지분경매이기 때문에 정상가보다 굉장히 낮은 가격으로 낙찰을 받았을 것이다. 해당 아파트가 매매가 된다면 아무리 급매가라 하더라도 매매대금에서 지분만큼을 나누어 가졌다면 최소 2배 이상의 수익은 가능 할 것으로 보인다. 하지만 방금 이야기한 것은 우리가 함께 살아가는 풍경상 좋은 방법은 아닐 것이다.

마지막으로 지분경매 중에서도 또 하나의 고수익 모델은 토지의 공유지분만 경매에 나왔는데, 그 지상에 다른 토지공유자 명의의 건물이 건축되어 있는 경우이다. 물론 물건명세서상 법정지상권 성립여지 있는 지분만 경매로 공지되기 때문에 이때 토지지분은 시세의 반값 이하로 낙찰받을 수 있을 것이다. 한편 소유권 침해를 이유로 한 건물 철거 주장은 이른바 보존행위에 해당되어 토지의 지분이 아무리 적어도 단독으로 소송을 진행할 수 있고, 결국 다른 공유자의 도움 없이도 얼마든지 혼자 협상을 진행할 수 있는 만큼 심도 있게 연구해보면 분명 좋은 수익모델이 될 것이다.

📖 사례

낙찰받은 뒤 1주일 만에 3배 수익

필자가 경매사이트를 한참 보던 중 3인이 공동소유자로 된 토지에 1인의 지분이 경매로 나온 물건이 눈에 띄었다. 그리고 3인이 공동소유하는 토지 위를 한 가득 채운 건물 하나가 멀쩡히 올라와 있었다. 대부분의 사람들이 토지를 낙찰받는다 하더라도 법정지상권 문제로 가치가 없다고 판단하며 뒤로 물러서고 있는 물건이었던 만큼 가격은 바닥을 치고 있었다. 하지만 필자가 현장에 나가 꼼꼼히 현장조사를 하고 분석을 해본 결과, 본 경매물건의 사연은 이러했다.

건물이 지어지기 전 허허벌판인 토지를 공유자가 균등한 지분으로 공유하고 있었다. 그러던 중 공유자 중의 한 명이 자금의 여유가 생겨 나대지 상에 상가를 하나 짓자고 공유자(공동소유자)들을 설득한 것이다. 공유자 중의 한 명은 흔쾌히 승낙했지만, 다른 한 명은 요즘 상가 경기도 안 좋은데 상가를 잘못 지어 분양도 안 되면 그나마 땅값조차 깎아 먹을 수 있다며 반대를 했었나 보다. 그럼에도 상가를 짓자고 제안한 공유자는 민법상 공유물 관리행위에 대한 근거규정을 들먹이며 '공유물의 관리행위에는 지분의 과반수 찬성만 있으면 가능하니 당신의 동의는 필요 없다'고 일방적으로 통보하고는 상가를 짓기 시작했고 반대하던 공유자는 법령의 규정에 따라 공사를 중지시키지도 못하고 망연히 지켜만 보게 된 것이다. 건물이 완성된지 얼마 되지 않아 사업하는 친구의 연대보증을 섰던 일이 잘못되어 반대하던 공유자의 지분에 가압류가 걸리더니 급기야 그 지분이 경매에 들어가 진행되게 된 것이다.

지분경매에 언뜻 보아 법정지상권이 성립되는 토지물건이다 보니 경매절차에서 최저가로 떨어지기 시작했지만, 필자는 당당히 시세대비 30%에 낙찰을 받았다. 사람들은 낙찰자인 필자를 안쓰럽게 보며, 지분 해결에 법정지상권 문제까지 있는 물건이다 보니 3%대 낙찰도 높다고 수군거렸다. 더 나아가 낙찰자가 잔금 납부를 포기해 이 물건이 재경매로 경매시장에 등장할 것이라 함부로 예측들을 했었다.

사실 필자도 불안한 마음이 조금도 없는 것은 아니었다. 그렇다면 필자는 왜 낙찰을 받았을까? 사실은 위와 같은 사연의 경매물건은 단기간에 고수익을 창출할 수 있는 아주 좋은 공략모델이다.

경매대상 토지가 공유지분으로 되어 있는데 공유지분 중 일부 또는 공유자의 전체 지분이 경매로 나왔다면, 십중팔구 지상건물에 법정지상권이 성립하지 않는다는 사실을 알고 있는가?

📖 판례

판례를 보면 이런 사안에서 '토지 공유자 한 사람이 다른 공유자의 지분 과반수의 동의를 얻어 건물을 건축한 후 토지와 건물의 소유자가 달라진 경우, 토지 공동소유자 1인이 자신의 지분을 제외한 다른 공유자의 지분까지 지상권 설정의 처분행위를 허용하는 셈이 되어 부당하다'는 취지로 판시하여 공유지분 토지 위 지상건물에 법정지상권의 성립을 부정했다.

더 나아가 비록 내부적으로 다른 토지공유자의 동의를 얻었거나, 공유자 지분 과반수의 동의를 얻었다 해도 마찬가지이다. 내부적인 동의는 공시방법이 없어 외부인들이 알 길이 없다. 이런 경우 법정지상권을 인정하면 공모를 통한 동의의 조작을 막을 수 없다는 판례 또한 있으니 기억하길 바란다.

이 밖에도 판례는 만약 이 경우 법정지상권을 인정해 버리면 토지 공유자 1인이 나머지 공유자들의 지분까지도 처분할 수 있는 권한을 부여한 꼴이 되어 불합리하다는 이유를 들고 있다. 이 말은 필자가 해당 토지를 낙찰받고, 토지의 공동소유자인 나머지 2명에게 낙찰받은 토지 위에 건물을 철거하라는 주장이 합법적이라는 뜻이다. 법정지상권은 성립되지 않기 때문이다.

그렇다면 결과는? 필자의 토지 1/3만큼 건물을 칼로 도려내듯 잘라 철거를 해야 한다면 필자와 함께 공동소유자가 된 2명이 과연 "지분만큼 건물을 잘라내시오"라고 할 것 같은가? 천만의 말씀! 결코 건물의 1/3을 잘라내어 사용한다는 것은 현실적으로 불가능하기 때문에 아마도 필자를 제외한 나머지 2명의 공동소유자는 돈을 모아 필자가 낙찰받은 지분만큼의 토지를 필자가 요구하는 금액에 순순히 응하여 정상 시세에 매입을 해줌으로써 투자금 액 대비 고수익을 안겨줄 것이다.

하지만 만약 건물을 잘라 철거해 주겠다고 주장한다면 절차와 과정상 시간 은 조금 걸릴 수 있겠지만, 결과적으로 나대지 상태의 토지로 온전히 돌아왔 으니 시세대비 30% 금액에 낙찰받아 본래 시세로 매매할 수 있는 기회를 얻 게 된다. 전자든 후자든 필자는 고수익을 만들어낼 수 있다.

필자는 낙찰받고 이틀이 지나 준비를 단단히 하고, 곧바로 건물의 건축주이 자 공유자 중의 한 사람과 협상을 시도했다. 물론 '건축물을 철거할 것이냐 아니면 시세대로 사줄 것이냐'가 협상의 쟁점이다. 필자는 차분하게 건물 소 유자에게 설명했다.

"토지공유자 과반수의 동의를 받아 건물을 신축한 건물주가 그 건물을 타인 에게 양도하였을 때, 그 지상건물에 관습법상의 법정지상권이 성립된다면 건 물 신축을 반대했던 다른 공유자는 의견을 표했음에도 자신의 지분에 법정지 상권의 부담을 지게 되어 불합리합니다. 물론 이와 같은 분쟁으로 인한 판례 까지 명확히 있습니다. 이는 관습법상의 법정지상권뿐만 아니라, 공유토지 혹 은 지상건물에만 근저당등기가 되어 있다가 경매로 소유자가 바뀌게 되는 경 우, 즉 법정지상권에도 그대로 타당하지 않겠습니까? 따라서 선생님이 소유 하고 있는 지상건물에는 법정지상권이 성립되지 않습니다. 선생님께서 거부 하면 처분금지 가처분을 걸어두고 철거소송을 진행할 수밖에 없습니다. 물론 철거비용과 철거할 때까지의 지료는 선생님께서 부담하셔야 합니다."

처음에는 시세대로 사길 거부하던 건축자가 앞서 이야기 한 몇 가지의 확실한 판례들을 슬며시 내밀자, 얼굴이 하얗게 질리더니 곧바로 시세대로 사주겠다 고 했다. 협상은 낙찰받은 지 1주일 만에 끝났고, 필자는 건축주로부터 잔금을 받아 자신의 명의로 소유권을 이전한 뒤 곧바로 3배의 차익을 남기고 또 다른 공유자이자 건축주에게 소유권을 넘겼다. 참 근사한 수익모델 아닌가? 이 판 례를 잘 숙지했다가 꼭 써먹어 보길 바란다.

하지만 공유지분토지가 경매로 나왔다고 해서 무조건 지상건물에 법정지상권이 성립하지 않는다고 판단하면 안 된다. 어떤 원칙이든 예외가 있는 법이다. 이 경우에도 판례상 예외가 있다.

판례는 '구분소유적 공유관계에 있는 토지의 공유자들이 그 토지 위에 각자 독자적으로 별개의 건물을 소유하면서 그 토지 전체에 대하여 저당권을 설정하였다가 그 저당권의 실행으로 토지와 건물의 소유자가 달라진 경우'에는 법정지상권의 성립을 인정하고 있다. 구분소유적 공유관계라는 것은 등기부 토지를 공유하는 것으로 등재는 되어 있지만, 실제로는 토지를 분할하여 특정 부분을 단독 소유하는 형태의 공유관계를 말한다.

일반적으로 공유자들은 토지 전체를 지분별로 공동소유하고 있지만, 구분소유관계에서는 공유자들이 토지의 특정 부분을 단독으로 소유하고 있는 형태이다. 물론 등기부나 토지대장 같은 공시자료에는 전체를 공유하고 있는 것처럼 등재되어 있지만 말이다. 이런 경우 그 지상건물에 법정지상권의 성립을 인정한다.

이는 당연한 판례이다. 공부상으로 공유형태로 되어 있을 뿐, 실은 단독소유이므로 자기 토지 위에 자기 건물을 한 채씩 가지고 있다가 경매 등을 통해 소유자가 바뀌게 된 것이니 그 건물에 법정지상권을 인정해 주는 것이 바람직해 보인다.

일곱 번째 우물
'특수주소변경'에서 나오는 진주

특수주소변경이란?

임차인이 지번까지만 주소를 기재하여 전입신고를 한 경우, 추후 건물의 형상의 변경이나 건축물대장 같은 공부상 표시의 변동으로 인해 지번만의 신고로는 외부에 대한 공시자료로 적절치 못하게 되었을 때 동사무소 측의 요구에 따라 지번 외에 동, 호수 즉, 특수주소까지 기재하여 전입신고를 다시 하는 경우를 말한다. 즉 최초에는 '서울 동작구 흑석동 320번지'로 전입신고를 하였다가 추후 자신이 거주하는 건물에 동, 호수의 표시가 생겨 '서울 동작구 흑석동 320번지 꿈에 그린빌라 1동 201호' 하는 형식으로 특수주소(다세대주택에서 동, 호수를 포함한 주소)를 변경하여 전입신고를 하는 경우이다. 이때 흙속의 '진주(수익률)'가 숨어있다.

이번 글과 같은 경우는 마치 로또당첨과 같은 느낌을 줄 수 있어 한 가지는 미리 알려드리고자 한다. 어떤 이론이나 이야기도 자신의 손과 발의 수고는 물론, 고뇌와 시행착오가 동반되었을 때 자신의 것이 된다는 마음자세로 신중 또 신중하기 바란다.

Q 임차인의 대항력의 성립시기를 최초 전입신고 시로 할 것인가? 추후 온전한 주소로 신고했을 때로 할 것인가?

A 지번까지만 기재된 전입신고로는 공시효과가 없어 대항력을 인정할 수 없고, 추후 동, 호수까지 추가하여 전입신고 된 때에야 비로소 대항력을 취득할 수 있다.

120

필자는 2005년 8월경 보증금을 인수해야 할 선순위 임차인이 있는 경매물건을 낙찰받았다. 법원에서 경매기록 열람 및 등사를 해보던 나는 눈이 번쩍하고 크게 떠졌다. 경매기록에 첨부된 임차인의 경매기록에 첨부된 임차인의 주민등록초본에 최초 임차인의 주소지가 낙찰받은 주소지가 아니었다. 동, 호수가 빠지고 번지까지만 기재된 주소로는 임차인이 그동안 낙찰받은 집에서 살았다고 볼 수 없었다. 초본을 꼼꼼히 살펴보니 완전한 주소로 전입신고를 한 것은 경매가 개시되기 얼마 전이었다. 변경사유를 보니 특수주소변경이라고 되어 있다.

현재 임차인은 대항력이 없는 상태, 임대차기간 만기가 되자 낙찰자인 필자는 임차인을 조용히 불러 현재 임차인이 처한 상황을 설명해주었다. 이 경우 낙찰 후, 임대차기간이 만기가 될 때까지 기다릴 필요 없다. 권리소멸된다. 임차인은 아연실색하였지만 전입신고를 제대로 하지 못한 자신의 책임도 있어 그저 고개만 푹 숙인 채 임대인의 선처만을 바랄 뿐이었다.

이 이야기에서 주목해야 할 부분은 당연히 임차인이 대항력 있는 것으로 생각해서 그 보증금을 떠안을 생각으로 낙찰받았지만, 우리는 처음부터 대항력이 없다는 전제에서 접근해 볼 필요성이 있다. 보증금을 떠안아야 한다는 생각이라면 최저가가 보증금 이하로 떨어질 때까지 기다렸다가 응찰해야겠지만, 보증금을 떠안지 않아도 되는 사안인 만큼 적정시기에 응찰하여 임차인과 협상을 개시하는 것도 좋은 방법일 것이다.

어쨌든 한 순간에 예상치 못했던 임차인의 보증금 1억을 인수하지 않아도 되는 상황이 되어버린 것이다. 즉 1억 원의 금액이 통장에 고스란히 남게 되었다. 이렇게 부동산 경매라는 것은 자신이 아는 만큼 수익률을 높일 수 있다. 필자는 주식 투자, 미술품 투자, 골동품 투자, 채권 투자, 파생상품 투자 등 모두 관심을 갖고 있지만, 아는 만큼 가져갈 수 있는 가장 정직한 투자 수단은 '경매'가 아닐까 조심스럽게 생각해본다.

권리분석 기초공부하기 어렵나요?

😊 말소기준권리와 임대차보호법에(대항력,확정일자)에 대한 이해가 기초이며, 개인에 따라 차이가 있지만 하루 정도면 경매물건을 검색할 수 있을 만큼의 기본기는 가능합니다.

법인이 선순위 임차인인 경우도 임차인으로 인정되나요?

☹️ 인정되지 않습니다. 주택임대차보호법은 무주택자인 서민의 주거안정을 위하여 만들어진 제도이기 때문에 법인의 임차인은 원칙적으로 보호대상 임차인이 되지 않습니다.

아무에게나 전기, 수도, 가스 미납요금을 알려주나요?

😉 경매사건을 통해 입찰을 준비하는 이유를 이야기하면 즉시 알 수 있습니다.

은행의 채권회수를 위한 선순위지상권 외에는 투자가치가 없나요?

😊 그런 것은 아닙니다. 다만 지상권이 설정된 기간까지의 토지이용을 허락해야 하기 때문에 그에 따른 투자 손익가치를 따져보았을 때 투자가치가 굉장히 적어지는 것이 현실입니다.

임차인 등 채권자의 배당요구는 어디서 확인할 수 있나요?

😊 대법원사이트에서 해당 사건을 검색한 후, 매각물건명세서를 통해 확인할 수 있습니다.

123

임차인 전입신고일과 근저당권설정(말소기준권리) 날짜가 같은데 어떻게 해야 되나요?

 근저당권자가 우선합니다. 전입신고(주민등록 이전)를 한 때로부터 다음날 오전 0시에 대항력의 효력이 발생하기 때문에 말소기준권리가 된 근저당권자보다 후순위임차인으로 대항력을 갖출 수 없습니다.

선순위임차인이 전입신고만 해놓고 있으면 대항력이 유지되는 건가요?

 아닙니다. 대항력을 유지하기 위해서는 경매 배당요구종기일까지 대항력의 요건을 유지하고 있어야 합니다.
대항력의 요건= 주민등록 이전(전입신고) + 주택 인도(점유)
만약 경매가 진행되던 중에 주민등록을 이전한다거나 점유를 하지 않는다면 대항력은 상실되게 됩니다.

상가같은 경우에는 임차인의 대항력 요건이 무엇인가요?

 건물의 인도+사업자등록을 갖춘 때로부터 다음 날 0시에 대항력이 생기게 됩니다.

확정일자가 뭔가요?

 확정일자는 전세계약과 같이 보증금액이 상당할 시 소액임차인최우선변제를 통해서는 보증금 전액을 배당받을 수 없기 때문에 갖추는 형식입니다.
확정일자를 갖춘 때로부터는 우선변제권을 취득하게 되어 소액임차인최우선변제를 통해 배당되지 못한 보증금이 확정일자의 날짜를 기준으로 등기부의 채권배당 순위에 합류하여 순위배당을 받을 수 있습니다.
확정일자를 갖추는 방법으로는 동사무소에 가서 임대차계약서에 확정일자 도장을 받으시면 됩니다.

Secret 3
현장조사의
비밀

프로들은
이렇게 현장조사를 한다

아파트, 빌라, 오피스텔 등의 주택

1. 관할 동사무소 전입세대 열람

경매부동산의 임차내역을 알기 위해서는 관할 동사무소에서 전입
세대열람신청서를 찾아 양식에 맞추어 적고, 신분증과 해당 경매물건
의 정보지를 함께 제출하면 된다. 비용은 400~500원이다.

2. 관리사무소를 통해 미납관리비를 확인한다.

관리사무소에 들어가 경매응찰의 목적을 밝히고, 정중하게 해당 호
수에 연체된 관리비를 물어보면 잘 알려줄 것이다. 이때 미납관리비
만 확인한 채 그냥 나오면 안 되고, 본인을 제외한 몇 명의 조사자들이

미납관리비 내역을 확인하고 갔는지는 물론이고, 해당 호수에 대하여 관리소장이 알고 있는 정보가 있는지 최대한 정보를 요청해 참고해야 할 것이다.

> **아파트 도시가스**
> 아파트 도시가스의 경우는 관리비에 포함이 안 되어 직접 114에 전화를 하여 해당 동을 관할하는 도시가스회사 전화번호를 받아 미납요금조회를 해야 한다. 관리실이 없는 주택의 경우는 한전, 수도, 도시가스 등 개별적으로 요금조회를 해야 한다.

3. 주변 환경에 우선순위를 두고 보라.

적어도 아파트는 사고 나서 수년이 지난 후에 절실한 요소가 무엇인지부터 생각해야 한다. 생활이 좀 불편하더라도 가격이 오를 물건인가를 우선순위에 두어야 한다. 지역성, 교육 인프라(학교, 학원 등), 아파트의 경우 단지규모(500세대 이상으로 클수록 좋다.), 교통(특히 역세권), 각종 생활편의시설, 브랜드, 주 평수 및 입주자의 사회적 레벨 등을 먼저 파악해야 한다. 이는 거의 공식화되어 있기 때문에 이 점들의 구비 여부를 잘 따지면 해당 경매물건을 선택하는 데 있어 큰 고민거리는 없다.

4. 우편물을 확인한다.

해당 소재지의 우편함을 통해 우편물 수취인 명이 전입세대열람내역 점유자의 명의와 동일한지 파악해야 한다.

5. 벨을 누르고 실제 점유자를 확인한다.

실제 점유하고 있는 자를 만나서 대화하는 것이 유리하다. 또한 집안 내부를 볼 수 있는 기회가 주어지는데, 이를 통해 낙찰 후 예정수리비도 계산하여 응찰가에 반영할 수 있다.

6. 중개업소를 3곳 이상 방문한다.

중개업소를 통해 해당 경매물건의 시세는 물론 해당 경매물건의 장/단점에 대한 훈수를 수집해야 하며, 본인과 같이 현장조사를 하기 위해 방문했던 조사자들이 얼마나 되었는지도 체크하면 좋다.

부동산 중개업소마다 견해가 다르고 실력도 다르다. 근처에서 수십 년 동안 중개를 한 곳과 새로 생긴 곳하고는 정보의 내용과 깊이에서 차이가 많다. 부동산 시세를 알아볼 욕심으로 사지도 않을 거면서 매수인을 가정한다거나 매도인처럼 한다면 부동사 전문가인 중개업자는 한눈에 알아보고 성의 없이 가격을 알려 줄 것이다. 어떤 이유를 막론하고 상대를 속이는 것은 옳은 일이 아니다. 차라리 중개업자에게 의견을 묻고자 할 때는 작은 음료수 하나라도 사서 들어가 정중히 목적을 밝히고 이렇게 이야기 해보길 바란다.

"본 경매물건을 제가 낙찰받으면 잘 좀 팔아주시고요. 낙찰받기 전에 궁금한 사항이 좀 있는데 잠시 여쭈어 봐도 될까요?" 또는 "낙찰이 되면 임대할 때 꼭 이 중개업소에 의뢰할 테니 시세와 전망 등에 대해서 좀 여쭈어 봐도 될까요?"

이런 식으로 물어보면 중개업소에서도 중요한 계약서를 쓰고 있지 않는 이상 잘 알려줄 가능성이 높다.

입찰 전 체크사항　　　　　　　　　　　　　　　**♥ Tip**

❶ **감정평가서**　감정평가서를 통해 다시 한 번 입찰에 있어 참고할 만한 사항이 있는지 체크(특히 대지권 지분 있는지 여부 체크)

❷ **등기부등본**　입찰 전날에 다시 한 번 대법원인터넷등기소 사이트를 통해 재 열람해 변동사항 체크

❸ **매각물건명세서&현황조사서**　본인의 현장조사 내용과 다른 점이 있는지 체크

❹ **문건접수내역**　경매가 기입된 이후 접수된 모든 서류 내용과 송달된 내역을 표기한 난이며, 혹시 낙찰이 불허가 되었던 물건이라면 접수된 서류 내역을 보면 그 원인을 짐작할 수 있고, 송달 유무를 보면 송달이 잘 안 되는 채무자나 소유자 이외에도 이해 관계자가 누구인지 쉽게 알 수 있다.

✔️ 기본적 조사사항

1. 관리사무소를 통해 미납관리비 확인(관리비에 포함되지 않는 요금은 별도 조회)

2. 우편물 확인 후 실제 점유자 확인(상가는 사업자신고내역의 점유자와 실제 점유자를 확인해야 한다. 상가와 같은 경우는 허위 및 위장임차인들이 더 더욱 많다.)

3. 중개업소를 통한 확인(매매시세와 임대시세, 해당 상권에 임대를 주기 알맞은 업종 체크)

✔️ 핵심 사항

1. 유치권과 같은 특수권리 주장자 확인

상가의 경우, 특히 유치권을 주장하는 경매물건이 많다. 해당 상가에서 영업을 하고 있는 임차인의 시설비를 이유로 주장하는 유치권과 점유자가 없는 공실이라 안심했지만, 현장을 가보니 소유자와 짜고 공사업자가 유치권 행사를 하는 경우는 물론 다양한 유치권주장자가 있으니 현장에서 정확히 확인을 한 뒤 허위 임차인이라 생각이 든다면 그에 맞게 대응할 가이드라인이 준비되어야 한다(p.181 참고).

2. 토지이용계획 확인원을 확인하라

토지이용계획확인원을 통해 낙찰받고자 하는 상가가 어떤 목적으로만 이용이 될 수 있는 상가인지 명확히 확인해야 한다. 구체적으로 확인을 하고 싶다면 해당 시, 군, 구청에 전화를 하여 담당부서를 통해 상담을 받아봐야 한다.

3. 상권 파악이 핵심

상권은 살아 움직이는 생물과 유사하기 때문에 경기에 민감하다. 그러므로 상가투자는 경기가 죽었을 때 싸게 낙찰받아 경기가 좋을 때 비싸게 팔고 나오는 것이 상가투자의 가장 간단한 방법이다. 다만, 분결기가 길어져서 수익의 경색이 지속되면 팔리지 않는 탓에 상당한 손해를 보게 된다. 반면, 경기가 좋다고 하여 나의 능력을 초과하는 투자는 금물이다. 경기란 언제든지 죽을 수 있고, 그렇게 되면 임대수익이 떨어져 문제가 야기될 수 있다. 항상 장기 보유로 가게 되는 경우를 계산하여 보수적 투자로써 매수의사 결정을 해야 함을 잊지 말아야 한다.

☑ **상권분석의 기준**

1. 상권 내의 행정구역 상황 및 구역별 인구 통계
2. 자연 특성
3. 교통 특성

4. 도시 계획

5. 용도지역 및 용도구역 등을 확인하여 가능한 업종 확인(토지이용 계획확인원 확인)

6. 상권 내 시설현황 및 변화패턴

7. 상권 내 대형건축물

8. 인구

입찰 전 체크사항　　　　　　　　　　　　**♀ Tip**

❶ 감정평가서(경매사이트 및 대법원사이트)

❷ 등기부등본(입찰 전날 대법원인터넷 등기소)

❸ 매각물건명세서(경매사이트 및 대법원사이트)

❹ 현황조사서(경매사이트 및 대법원사이트)

❺ 문건접수내역(경매사이트 및 대법원사이트)

❻ 토지이용계획확인원(경매사이트 및 대법원사이트)

❼ 건축물대장(민원 24시 유료/ 유료경매사이트)

✅ 상권과 상가투자에 대한 오해와 진실

1. '역세권 상가가 장사가 잘된다'는 말은 '내가 투자한 점포가 장사가 잘되어야 한다'는 의미이다. 이 당연한 말을 단지 역세권이면 그만인 걸로 오해하여 투자에 실패하는 분들을 종종 본다. 즉, 같은 지하철역 근처라도 출구에 따라 사라들이 그냥 지나치는 동선도 있으며, 아무리 통행인구가 많아도 사람이 들어오지 않으면 허사다.

2. 상가규모에 비례하여 반드시 집객효과가 클 것이라고 오해하면 안 된다. 사람들이 많이 다니는 동선이 아니거나, 그 상가 전체의 운영방식이 집객수단과는 맞지 않는다든지, 그 지역에 다른 대형상가의 과잉공급이 있을 경우는 상가투자가 실패할 가능성이 높다.

3. 복합상영관 등이 들어선 상가라고 해서 해당 상가의 샤워효과가 반드시 있을 것이라는 보장은 없다.

엘리베이터를 타고 영화만 관람하고는 소비하지 않고 가는 경우가 발생해 영화관을 제외한 나머지 건물 내 상점은 모두 굶고 있는 건물을 한두 차례 본 것이 아니다.

4. 유동인구가 많아도 파리 날리는 수가 있고, 유동인구가 별로 없어도 탄탄한 매출을 올리는 수가 있다. 상권력의 판단에 유동인구를 중요한 재료로 삼는 것은 일반적이고 추상적인 기준일 뿐 개별 점포의 매출력은 또다시 개별적으로 판단되어야 한다. 즉 유동인구가 적더라도 특정부류의 고객(고정고객)이 선호하는 전문화가 이루어진다면 성공적인 낙찰이 성공적인 투자로 이어지는 것이다.

5. 세대가 많은 아파트 상가에 대한 매출의 믿음에도 일반화의 오류가 분명히 있다. 주변에 대형 할인점 등은 언제든 들어설 수 있고, 동종의 점포가 인근의 근린상가에 들어서서 고단한 경쟁을 해야 하는

경우도 있다. 상가의 주변 환경에 대하여 면밀한 상상력을 발휘하여 상권 변화의 가능성을 분석해야 한다.

6. 상가투자에 있어서 장래의 환금성과 처분가치를 무시하고 매출 수익성만을 고려하는 것도 위험한 투자이다. 수익이 장기간 보장되려면 탁월한 입지에 상가운영자의 각별한 장사수완이 담보되어야 하는데, 그것이 내 의지만으로 된다는 보장은 없는 것이다.

7. 진짜 선수는 권리금 장사를 하고 나온다. 경매로 낙찰을 받으면 권리금을 주지 않고도 해당 경매물건을 소유할 수 있다. 결국 권리금 없는 상가를 얻은 것과 같아 입점하여 매출을 극대화한 후에 2~3년 내에 매매차익과 높은 권리금을 취득하고 빠져 나오는 사람들이 많다. 그들은 무슨 장사든 장사란 오랜 세월 잘된다는 보장은 그 어디에도 없다는 사실을 매우 잘 아는 고수들이다.

모텔과 같은 경매물건에 대한 현장조사 시 핵심적인 것을 다루려 한다.

✅ 기본적 공통사항

시세 파악, 중개업소 방문, 전입세대 열람, 토지이용계획확인원

✅ 핵심사항

1. 리모델링과 서비스로 개혁이 가능한지의 여부

성매매방지특별법이 적용되고 또 한물간 성격이 있는 모텔은 영업성의 악화와 금융권의 대출상환에 대한 압박으로 경매시장에 많이 나온다. 하지만 모텔은 분명 수익형 부동산이다. 싸다고 낡은 모텔을 덜컥 경매로 받아 수익을 내겠다는 생각은 재고를 요하며, 모텔도 서비스 경쟁체제에 돌입한 상황이기 때문에 싸게 경매를 받아 리모델링과 다양한 리뉴얼들을 생각해야 한다.

현장조사 시 반드시 모텔에 들어가 대실비(보통 2만 5,000원) 아깝다는 생각하지 말고, 사진촬영 및 내부시설 확인 후에 고객에게 어필되는 내부구조인지, 리모델링의 비용이 얼마나 소요될 것인지를 검토해야 한다.

2. 원룸으로 용도변경은 가능한가?

경매로 낙찰을 받은 후, 모텔을 어느 정도 살려 적당한 시기에 제값을 받아 처분하는 것도 하나의 투자방법이지만, 싸게 경매를 받아 원룸(다가구주택) 등으로 용도 변경을 하여 상당한 임대수익을 올리는 방법도 있기 때문에 이에 대한 부분도 인테리어 공사를 통해 가능한지의 여부도 파악해야 한다. 임대수익을 위해서뿐만 아니라 숙박업에 처음 도전을 하는 사람은 사실 모텔영업이 결코 만만치 않다. 그렇기 때문에 훗날 원룸으로 리모델링하여 임대사업이 가능할 수 있는 모텔인지 파악해 놓으면 좋다.

3. 현재 매출상태 파악

사실 모텔 현장조사를 하며 매출은 어느 정도 올리고 있는지 확인하는 방법을 떠올려 보라하면 대부분 멍하니 있다. 그렇다. 하지만 어느 정도 매출을 추정할 수 있는 방법이 있다. 그중 필자가 가장 잘 사용하는 방법 중 하나는 모텔에서 청소와 세팅을 담당하는 직원에게 하루 투입되는 수건의 양을 확인하는 것이다. 그 외에도 칫솔이나 면도기와 같이 일회용물품 수거현황으로도 파악이 가능하다.

4. 유치권에 관한 사항

　모텔경매물건의 상당 부분이 모텔의 소유자(채무자)와 짜고 시설비 등을 이유로 허위유치권을 주장하는 경우가 많다. 현장조사를 가보았을 때 검은 양복에 덩치가 산만한 사내들이 유치권을 점유하고 있는 풍경을 연출하고 있는 경우도 있다. 법원 기록상 유치권 신고가 되어 있는 경우가 있어 알고 현장조사를 갈 수도 있지만, 유치권신고가 되어 있지도 않은 경우에도 유치권 행사를 뒤늦게 시작해 형태를 갖추고 있을 수도 있다. 이럴 때는 허위유치권임을 증명할 수 있는 근거들을 꼼꼼히 파악하여 명도 후 협상을 통해 적당한 금액에 명도를 하기 위한 일정금액도 고려해 놓아야 한다.

　실제로 깡패들이 있다고 하더라도 요즘 깡패들은 물불 가리지 않거나 무식하지 않다. 돈을 목적으로 점유하고 있으니, 협상 의지를 비추면 쉽게 유치권주장자를 만날 수 있다. 일정금액으로 협상을 시도하는 것에 대한 그림을 미리 그려 놓고, 안될 시 명도소송 후 강제집행까지 생각해 놓아야 한다.

경매를 통해 공장을 낙찰받으면 공장 설립에 따르는 제도적 제한과 각종 부담금을 극복할 수 있다는 장점이 있다. 응찰을 하는 수요층도 일반 주택보다 경쟁률이 적기 때문에 상대적으로 낮은 가격에 낙찰을 받을 수 있는 장점이 있다. 하지만 현장조사 시 필히 확인해야 하는 사항이 있으니 놓치지 않기를 바란다.

☑ 기본적 조사사항

토지시세, 건축물시세, 점유자 확인, 미납요금조회(전기, 수도, 가스 등), 토지이용계획확인원(목적대로 사용가능 여부)

☑ 핵심사항

1. 시, 군, 구청을 통해 낙찰 후 공장운영에 대한 허가여부를 확인

공장과 같은 경우는 특히 대부분의 응찰자들이 직접 해당 공장을 운영해야 하므로 반드시 시, 군, 구청에 전화를 한 뒤, 담당부서를 통해 자신의 업이 낙찰받고자 하는 공장에서 허가가 나는 곳인지 파악해야 한다.

2. 폐기물 처리 부담을 특히 조심하라.

폐기물은 경매 채무자(소유자)의 책임이지만, 현실적으로 낙찰자가 하게 되고 그 처리비용이 만만치가 않다. 따라서 반드시 사전에 현장을 방문하여 폐기물의 존재 여부를 확인하되, 특히 땅속에 매장된 폐기물이 있는지를 철저히 확인해야 한다. 폐기물의 처리비용은 폐기물관리법에 의해 설립된 폐기물공제조합에 경매채무자가 예치한 돈이 있는지 확인하여 보험 처리하는 방법도 있다. 그러나 이도 경매채무자의 업종이 폐기물관리법의 적용을 받지 않는 업종이거나 적용을 받는 업종이더라도 이행보증료의 납부 불이행이 있는 경우에는 결국 도움이 되지 않을 것이다. 따라서 사실상 이 제도의 도움을 받아 폐기물 처리비용을 해결할 수 있는 경우란 드물다고 생각해야 현실적이다.

3. 산업공단과 도심과의 접근성 파악

요즘은 도심에서 너무 떨어진 외진 곳에는 노동인력이 기피하는 형상이 많기 때문에 공단이 도심에서 너무 떨어져 있는 데다 생활 인프라까지 부족한 경우에는 일할 사람을 구하지 못해 싼값에 낙찰을 받고도 사업이 망하는 수가 있다.

4. 입찰 외가 있다면 현장에서 파악하고 명도가이드라인 필요

입찰 외라는 것은 공장을 낙찰받았을 시에 부합물, 종물 등이 포함되지 않아 낙찰자가 소유권을 취하지 못하는 물건들이 있다는 말이다. 그러니 경매사이트를 보면 빨간색 글자로 '입찰 외'라고 적혀 있다면 감정평가서를 확인하여 어떠한 것에 대한 소유권 취득이 어려운

지 파악하고 현장에서 다시 한 번 확인해 명도를 할 때 정확히 파악하고 진행해야 한다.

5. 건축물대장을 가지고 현장에 서서 확인하라

공장은 허가 없이 적당히 건물을 증축하는 경우가 꽤 있다. 그 소유권의 승계인(낙찰자 포함)이 철거하지 않고 버티면, 불법 증축된 건물에 대해 과태료 · 철거이행강제금 · 벌금 등이 승계인에게도 부과되기 때문에 현황 파악과 건축물대장을 통해 면밀히 비교 확인을 해야 한다.

> **참고** 공장과 같은 경우도 유치권이나 허위임차인들이 많이 있으니, 이 부분 또한 현장에서 잘 확인해야 한다.

상가 현장조사 시 상권 좋고 고수익 내고 있는 상가가 많이 있나요?

상가의 경우 상권 좋고 고수익을 내고 있다면 경매로 나오지는 않았을 것입니다. 다만, 경매참여자가 특정 목적을 가지고 바라보았을 때 자신에게는 안성맞춤의 상권일 수는 있습니다. 그렇기 때문에 상가의 경우는 특히 권리관계 외에 목적에 따른 가치가 얼마나 있는지 꼼꼼히 분석해야 합니다.

모텔경매에 참여하는 사람들은 보통 어떤 사람들인가요?

모텔이 경매로 나온 경우는 보통 집기들에 대한 리뉴얼을 하지 않아 손님이 찾지 않거나 상권이 우수하지 않아 매출상태가 좋지 않은 상태의 경우가 많이 있습니다. 그러한 모텔을 낙찰받는 투자자들의 대부분이 모텔을 직접 운영해본 경험이 있는 분들이 많다. 낙찰을 받아 최소비용으로 새롭게 리뉴얼하고 자신의 운영 경험을 살려 매출을 올린 뒤 타인에게 매매를 함으로써 매도차익을 남기고자 하는 경우가 많이 있습니다.

동사무소에서 전입세대열람 시 무엇을 챙겨야 하나요?

신분증과 경매정보지를 함께 챙긴 후 전입세대열람서 양식에 맞춰 함께 제출하시면 됩니다.

동사무소에서 전입세대열람 내역을 보고 가족관계의 여부도 알려주나요?

알려주지 않습니다

현장에 가지 않고 관리사무소를 통해 미납관리비 확인은 안 되나요?

☺ 가능합니다. 주변 중개업소에 전화를 하여 정중히 인근 아파트 관리사무소의 전화번호를 물어본다면 친절히 알려줄 것입니다.

현장조사 전 건축물대장을 보니 위반건축물로 무단 증축이 되어 있다면 어떻게 하나요?

☹ 벌금형태로 이행강제금을 6개월 단위로 이행을 할 때까지 지속적으로 받을 수 있으니 반드시 현장으로 가 건축물대장상의 위반된 부분이 현재에도 있는지 확인한다. 확인을 하였다면 위반된 건축부분에 대하여 철거가 용이한 것인지 파악을 해야 하며, 해당 관리기관을 통하여 이행강제금 여부도 체크를 반드시 해야 합니다.

토지현장조사를 나갔는데 토지 위에 경작물이 한 가득 있었어요. 낙찰받으면 제 소유가 되나요?

☹ 그렇지 않습니다. 토지를 낙찰받았다고 하더라도 경작물은 경작자 소유가 됩니다. 그렇기 때문에 현장조사 시 경작물이 있다면 경작물의 수확시기가 얼마나 남았는지를 분명히 체크를 하셔야 합니다. 또한 이러한 토지를 낙찰받았을 시에는 토지인도 및 지료청구를 내용으로 하여 내용증명을 보내야 한다. 별다른 답이 없고 수확시기도 한참 남았다면 소를 제기하여 강제집행의 절차를 밟아야 하는 것인 만큼 신중한 판단이 필요합니다.

등기부에 기재되지 않고 서류상 나타나지 않는 권리는 무엇이 있나요?

😊 경매에 있어 대표적으로 유치권과 법정지상권이 있습니다. 이 두 권리의 경우 성립요건과 불성립요건을 명확히 숙지하고 관련 판례들을 두루두루 익혀 밀도 있는 현장조사와 분석을 하지 않는다면 평생 두고두고 잊지 못할 후회스러운 입찰로 기억될 수 있습니다. 반대로 유치권과 법정지상권은 경매에 있어서 대표적인 고위험 고수익모델이기도 합니다.

사방이 남의 땅으로 막혀 길이 없는 맹지는 절대로 피해야만 하나요?

😊 맹지는 일반적으로 경매 최저가가 하염없이 떨어지게 됩니다. 이유는 길이 없어 공법상 건축허가가 나지 않음은 물론 활용가치가 현저히 떨어지는 이유입니다. 따라서 맹지와 같은 경우는 도로(길)와 접해 있는 앞땅 소유자나 옆땅 소유자가 낮은 가격에 낙찰을 받아 두 토지를 합필하여 맹지의 저평가된 가치를 원상태로 회복시켜 고수익을 얻는 경우가 많습니다.

하지만 반대로 이해관계가 전혀 없는 자가 낙찰을 받아 고수익을 내는 경우도 충분히 있습니다. 그것은 맹지를 둘러싸고 있는 토지 소유자에게 탁월한 협상능력을 발휘하여 길을 내거나, 앞 또는 옆 토지소유자가 운영하던 상가의 확장을 고민하고 있다면 오히려 낙찰받은 금액에 적정한 수익을 얹어 되팔 수도 있습니다. 이 또한 현장조사를 나가 치밀하게 현장조사를 하고 창의적인 발상을 할 수 있어야 할 것입니다.

Secret 4

경매입찰의
비밀

낙찰왕의
예상낙찰가 산정법

경매물건에 대한 예상낙찰가를 산정하는 데 있어서 필자가 운영하는 회사는 실제로 예상낙찰가 오차율이 1~2%를 평균적으로 벗어나지 않고 있다. 그 이유는 현장조사를 통해 물건의 가치를 평가할 때 철저히 주관적인 입장에서 입찰자의 목적에 맞추어 살펴보는 동시에 모은 자료를 분석해가고 예상낙찰가를 산정할 때는 철저히 객관적이기 위해 노력하기 때문이다. 물론 오랜 경험에 따른 직감도 상당 부분 차지하지 않는다고는 할 수 없다. 그렇다면 우리가 낙찰을 위해 예상낙찰가를 산정할 때는 어떻게 해야 할 것인가?

1. 입찰물건에 대한 명확한 시세를 파악한다.

현장조사를 할 시에 최대한 낮게 살 수 있는 급매가격과 정상적으로 거래가 되었을 때의 거래시세를 구분하여 조사한다. 시세는 중개업소를 통한 확인 및 실거래가 정보를 통해 확인할 수 있다.

경매입찰을 통해 단타투자를 하는 사람이라면 급매가격만 조사하여 급매가 대비 수익이 날 수 있는 응찰가를 써내 바로 급매로 되팔기 위한 금액으로 입찰에 참여할 것이지만, 낙찰 확률은 희박하다. 특히 주택의 경우는 응찰자들이 상대적으로 많은데, 이 응찰자들 모두가 단타를 노린 보수적 입찰을 할 것인가? 아니다.

해당 아이의 학교와 가까운 주택이 경매물건으로 나와 투자성보다는 가족의 생활편의를 위한 실수요자들은 더욱 높은 가격으로 입찰을 하기에 급매가보다 단돈 300만 원이라도 아껴 구매를 할 수 있다면 그 금액을 써내는 것이다. 그렇다면 정확한 예상낙찰가를 산정하는 데 있어서 보수적 투자 타입, 공격적 투자 타입 모두 고려해야 한다는 말이 된다.

2. 경매사이트를 통해 동종 · 인근 낙찰사례를 반영한다.

특히 아파트와 같은 경우는 같은 평수와 비슷한 층의 물건이 낙찰된 사례들을 확인할 수 있다. 이러한 물건들이 과거에 감정가 대비 몇 %로 낙찰이 되었는지와 과거 낙찰 당시 시세대비 몇 % 금액에 낙찰이 되었는지를 살펴봐야 한다. 이와 더불어 여러 낙찰사례가 있다면 평균적으로 몇 명의 응찰자들이 응찰을 했고, 응찰자들의 숫자 대비 낙찰 금액의 높고 낮음의 정도 차이까지 파악해야 한다. 또한 당시 낙찰된 사례 당시의 부동산경기 및 환경 등을 고려하여 현재는 더 많이 응찰을 할 것인지 아니면 더 적게 응찰할 것인지를 비교하여 응찰가를 짐작해야 한다.

3. 현장조사 시 중개업소, 관리사무소, 동사무소에서 경쟁자를 파악한다.

관심 경매물건에 대해 다른 조사자들 또한 현장조사 시 거쳐 가는 공통적인 장소를 갈 때는 다녀간 사람이 대략 몇 명이 되는지 파악을 해야 한다. 아파트나 다세대의 경우는 중개업소, 관리사무소, 동사무소를 그냥 지나치지 말고 조금 더 친근하게 다가가 몇 명의 조사자들이 다녀갔는지 반드시 확인하길 바란다. 특히 본인을 제외한 조사자들이 언제 다녀갔는지가 중요한데, 일반적으로 현장조사를 가장 많이 나오는 시점이 입찰일을 기준으로 1~2일 전이다. 따라서 이러한 조사는 입찰 하루 전 오후에 하는 것이 가장 좋다.

4. 미납관리비에 따라 예상낙찰가가 달라진다.

당연한 이야기다. 시세대비 70%에 낙찰이 되어 왔던 경매물건이 나왔는데 조사를 해보니 관리비가 1,000만 원이 넘게 연체되어 있다면 그 미납된 금액을 반영해 예상낙찰가를 산정해야 한다.

5. 아파트에 '유치권신고' 예상낙찰가와의 상관관계

실제로 필자가 통계를 내본 결과, 아파트에 대한 유치권신고가 있는 경매물건이 유치권신고가 없는 물건에 비하여 예상낙찰가가 더 낮아지지 않았다. 즉, 유치권신고는 낙찰가에 큰 영향을 주지 않았다. 이유는 간단하다. 이제는 '아파트의 경우 유치권신고가 99% 성립되지 않는다'는 점과 간단한 명도과정에서의 절차를 통해 명도 할 수 있다는 것이 경매초보자들에게도 상식이 되었기 때문이다.

6. 유료 경매사이트 내 응찰자 수의 비밀

경매전문가든 일반 경매투자자든 공통적으로 입찰 당일 아침 9시~10시 30분 사이 자신이 보는 유료 경매사이트를 통해 응찰 목적의 경매물건이 변경이나 취하가 되었는지 확인을 하게 되어 있고, 확인할 때마다 해당 경매물건 페이지의 조회 수는 올라간다. 필자 또한 굿옥션과 지지옥션을 통해 오전 조회 수를 습관적으로 확인하여 직감을 살린다.

㉠ 굿옥션 오전 조회 수 10명-평균적으로 6명 응찰

물론 정확한 자료는 아니지만, 나름대로 직감을 살리는 데 있어 유용하다. 예를 들어 가끔 그날의 하이라이트 경매물건이 될 경매물건은 오전에 조회 수를 체크해보면 40명이 넘는다. 아니나 다를까. 응찰자가 26명이 응찰을 했다. 그러니 직감을 살리는데 보조자료로 꼭 사용하길 바란다.

7. 시각, 청각, 감각을 살려라

이 방법은 조금 치사한 방법일 수도 있다. 하지만 응찰하고자 하는 물건에 대한 애착이 강하다면 용기내길 바란다. 법원에 도착하면 많은 컨설턴트들이 법원의 식당을 한가득 채우고 앉아, 입찰표를 옆에 두고 고객들에게 준비한 자료로 브리핑을 하고 있다. 이때 눈은 펼쳐진 브리핑자료를 훔치고 스캔하고, 자신과 같은 사건에 응찰하는 사람인지 파악하라. 귀를 쫑긋 세워 자신의 사건번호 숫자가 누군가의 입에서 나오는지 집중하면 된다. 또한 현장조사 시 보았던 낯익은 얼굴이 있지는 않은지도 함께 살펴야 할 것이다.

필자는 이와 같이 온몸의 감각을 곤두세워 의외로 순간 짜릿한 정보를 획득하기도 한다. 하지만 상대의 응찰금액을 알게 되거나, 응찰자가 몇 명은 확실히 들어온다는 것을 알게 되었다고 하더라도 더욱 정신을 바짝 차리고 자신이 써내려는 금액보다 크다면 자신의 재무상황부터 체크를 냉정히 하길 바란다. 자신이 관리되고 통제될 수 있는 범위 안에서의 금액을 적지 않고 승부 자체에 연연해 응찰한다면 뒷감당은 누가 하겠는가?

1. 자신이 아래와 같은 관계자라면 입찰을 할 수 없다

- 채무자 겸 소유자

- 무능력자(미성년자)

- 재경매의 경우 종전 낙찰자

- 이해관계 집행법원 및 그 친족

- 경매부동산의 감정인 및 그 친족

- 이해관계 집행법원이 법관, 담당법원 직원

- 강제집행면탈 범죄자 및 경매를 교사하거나 방해한 자

- 공부집행방해 범죄자

2. 입찰 시 필요한 준비물

본인이 직접 입찰

- 신분증(주민등록증 또는 운전면허증 또는 여권)
- 도장(없을 때는 무인도 가능)
- 입찰보증금(최저매각가격의 10%, 재경매의 경우 20%를 현금 또는 금융기관 발행 자기앞수표)

대리인이 입찰

- 대리인 신분증
- 대리인의 도장
- 본인의 인감이 날인된 위임장
- 본인의 위임용 인감증명
- 입찰보증금

법인의 대표자가 직접 입찰

- 법인 대표자의 신분증
- 대표자의 도장
- 법인등기부등본 또는 초본 1통
- 입찰보증금

법인에서 대표자 이외의 대리입찰

- 대리인의 도장
- 대리인의 신분증
- 대표자의 위임장
- 법인 인감증명
- 법인 등기부등본
- 입찰보증금

공동 입찰

- 공동 입찰신고서-입찰표와 같이 입찰 법정에 비치되어 있다. 공동 입찰신고서에 각자의 지분을 분명하게 표시해야 한다.
  - 각자의 신분증
  - 각자의 도장

3. 법원도착 10시

법원에 도착하면 대부분 오전 10시부터 시작한다. 입찰을 개시하는 시간은 법원마다 차이가 있지만 평균적으로 11시 10분이면 입찰표를 받지 않고 입찰개시를 통해 결과발표를 시작하게 된다.

법원에 도착해 가장 먼저 해야 할 것은 경매법정 앞 게시판을 통해 본인이 입찰하려는 물건에 대한 변경 또는 취하의 여부가 있는지 확인한 후, 접수된 유치권신고 중 본인의 사건에 갑작스레 들어와 있는

지의 여부도 확인해야 한다. 그 후 경매법정으로 들어가 신분증을 제시하고, 자신의 사건경매물건에 대한 매각물건명세서를 통해 특이사항이 생기지 않았는지 확인을 해야 한다.

4. 입찰표 작성(법원에 비치되어 있음)

- 사건번호와 물건번호 기재(물건번호란 한 사건에서 2개 이상의 물건이 개별적으로 입찰에 부쳐진 경우에 기재하게 된다. ㉠ 2013-1234 (2))
- 입찰자 및 대리인의 인적사항을 적는다.
- 입찰가액 및 보증금액을 적는다.(입찰가액-응찰하고자 하는 금액, 보증금액-최저매각가격의 10%, 재경매 20%)

5. ※필독-이럴 때는 입찰이 무효가 된다.

- 입찰 금액란에 입찰금액을 적지 않은 경우
- 입찰 금액을 적다가 수정해서 적은 경우
- 입찰보증금액이 매각조건상의 입찰보증금보다 적은 경우
- 동일 경매사건의 입찰자이면서 다른 입찰자의 대리인이 된 경우
- 동일 경매사건에서 이해관계가 다른 2인 이상의 대리인이 된 경우
- 대리인에 의한 입찰 시, 위임장 또는 인감증명서가 누락되거나 인감증명서상의 도장과 위임장에 찍혀있는 도장이 다른 경우
- 한 장의 입찰표에 여러 개의 사건번호나 물건번호를 기재한 경우

- 경매사건의 채무자, 전 낙찰자, 입찰방해죄로 유죄판결을 받은 뒤 3년이 경과하지 않은 자의 입찰

입찰장에서의 실수
BEST 5

입찰 법정에 가면 참 다양한 사람들이 다양한 사연을 가지고 있다. 아기를 업고 나온 임차인, 컨설팅 직원, 개인투자자, 잔뜩 긴장한 사업가까지. 이러한 가운데 거액이 걸린 만큼 실수하지 않을 것 같지만, 지나치게 긴장하거나 혹은 자만해서 실수를 하기도 한다. 이 부분을 명심해서 보고 알아두자. 다음은 가장 많이 하는 실수 4가지이다.

5위 – 거꾸로 적었다.

간혹 경매전문가들도 실수를 하는 때가 종종 있다. 입찰표 종이를 펼쳐보면 똑같은 양식으로 왼쪽에는 입찰금액을 적게 되어 있고, 오른쪽에는 입찰보증금액을 적게 되어 있다.

간혹 긴장을 하거나, 긴장이 너무 안 되었을 때 반대로 적어 왼쪽

입찰금액에 입찰보증금액을 적고 오른쪽 입찰보증금액 적는 난에 자신이 응찰할 금액을 적는 경우이다. 결과는 100% 패찰이다.

4위 – 입찰보증금을 현금으로 뽑았다.

간혹 입찰보증금 봉투에 최저매각대금의 10%를 넣기 위해 출금하는데, 정신이 없어 미처 생각하지 못해서인지 현금으로 몽땅 인출하는 경우가 발생한다. 그 두꺼운 돈이 입찰보증금 봉투에 들어갈 일도 없지만 액수가 적어 들어간다 하더라도 집행관이 개찰 시 몇 백 장의 돈을 한 장 한 장 세며 온갖 잔소리를 듣게 될 것이고, 영수증을 받고 법원을 나오는 순간 시간을 지연시킨 걸로 인해 수많은 사람들의 따가운 눈총을 받게 될 것이다. 더불어 결정적인 문제는 만 원짜리 한 장이 비는 경우가 생긴다는 것이다. 이러한 경우 낙찰이 되었다 한들 무효가 된다. 입찰 보증금은 꼭 한 장짜리 수표로 준비해 입찰하는 것이 가장 현명한 방법임을 꼭 기억하길 바란다.

3위 – 긴장한 탓에 입찰봉투에 보증금을 안 넣었다.

경매 경험이 많지 않으면 굉장히 긴장을 하게 된다. 한 자 한 자 오타 없이 입찰표에 잘 적다 보면 집행관이 '입찰마감까지 5분 남았습니다. 1분 남았습니다' 하며 시간을 자꾸 부르는데, 응찰자는 더 정신이 없어져 부랴부랴 적고 글씨 틀린 것 없나, 잘못된 건 없나, 돈은 없어지지 않았나 등 별의별 생각을 다 하다 보니 정작 돈 봉투에 돈은 넣지 않고 입찰함에 입찰표를 넣게 된다. 이런 경우 낙찰이 되지 않아 집행관으로부터 돌려받고는 봉투를 보고 돈이 없어졌다고 난리가 난다.

"제 돈이 없어졌어요. 이게 어찌 된 일입니까!"

하지만 집행관은 차분히 이야기해준다.

"주머니 잘 찾아보세요."

역시나 주머니에서 돈이 나오고 얼굴이 빨개져서 뒤도 안 돌아 보고 뛰어나가게 된다. 하지만 이런 경우에 만약 낙찰이 되었다 하더라도 입찰보증금을 넣지 않았으니, 이 또한 무효가 된다. 이러한 실수를 하지 않도록 조심하길 바란다.

2위 – 여러 개의 물건을 입찰할 경우

여러 개의 물건을 입찰할 경우 솔직히 필자가 해도 정신없다. 수많은 종이와 봉투들이 뒤죽박죽되기도 한다. 이럴 때 조심해야 한다. 긴장한 나머지 사건번호를 바꿔 쓰면 터무니없는 결과가 나올 수 있다. 1억을 쓰려 했던 경매물건을 3,000만 원 써서 떨어지고, 3,000만 원을 쓰려했던 경매물건에 1억을 써서 낙찰되는 비극을 경험하고 싶지 않다면 이러한 실수를 주의해야 한다.

1위 – 동그라미를 하나 더 썼다.

은근히 자주 나오는 실수이다. 절대 방심하면 안 된다. 입찰표를 작성할 때 긴장을 너무 한 나머지 입찰금액에 1억을 적는다는 것을 '0' 하나를 더 써서 10억을 적어버리는 경우다. 진정 신의 은총을 받는 자가 아니면 반드시 낙찰이 될 것이다. 얼마에? 10억에! 이것은 저주 아닌 저주이다. 입찰보증금을 포기하거나 10억을 잔금 납부해야 하는 것이다.

필자의 사례 중 가장 기억에 남는 것은, 서울남부법원에 앉아 입찰 결과를 기다리던 중 목동에 시세 7억 원을 하는 아파트에 입찰한 사람을 호명하고 있었다. 집행관이 각 입찰자의 성명과 입찰한 금액을 순서대로 부르는데 순간 화들짝 놀랐다.

"본 사건의 최고가 매수인은 김실수 님이며, 최고가매수금액은 56억 2,000만 원입니다. 본 사건의 2위 응찰자 박정상 님 5억 7,000만 원……."

집행관도 '헉' 하는 표정을 지었고, 순식간에 아이를 업고 나온 한 30대 여성이 그 자리에서 절규하는 소리가 들렸다. 그렇다. 시세 7억 원의 아파트를 '0' 하나 더 써 56억 2,000만 원을 적은 것이다. 그 마음이 얼마나 뼈아플 것이고. 그날 밤 남편의 얼굴은 어찌 본단 말인가. 한 순간에 입찰보증금 약 5,000만 원을 날리고 말았으니.

실제로 이러한 실수가 전국적으로 꽤 많이 발생하고 있는 만큼 독자들도 자만하지 말고 각별히 눈을 동그랗게 뜨고 입찰금액을 적길 바란다.

시세파악의 기준이 뭔가요?

😊 단기투자를 위한 경매를 할 시에는 급매가를 기준으로 하여 경매입찰을 해야 하며, 실수요자라면 급매가가 아닌 정상시세를 기준으로 입찰에 참여해야 합니다. 경매 응찰자 중에서는 투자자도 있고 실수요자도 있으며, 공격형 투자자와 보수적 투자자도 응찰을 하기 때문에 실수요자가 낙찰을 위한다면 급매가 기준으로는 현실적으로 낙찰확률이 낮은 편입니다.

인근낙찰사례를 어느 정도 참고하는 것이 맞는지?

😊 대단지 아파트의 같은 평수와 비슷한 조건의 아파트들의 낙찰사례가 있다면 객관적으로 과거 낙찰가와 응찰자 수가 비슷하기 때문에 상당부분 과거 데이터를 반영해야 합니다. 하지만 단독주택, 상가, 토지 등은 동종물건은 있을 수 없으며 인근낙찰사례가 존재하더라도 해당 물건의 개별성이 강하여 단순 참고자료밖에 되지 않습니다.

법원임차조사 내역에 세대열람결과가 있는데 꼭 다시 전입세대열람을 해야하는지?

😊 법원임차조사 시기부터 경매진행까지의 기간은 무려 6개월~ 1년이 소요됩니다. 그 기간 내에 점유자가 달라진다면 명도에 있어 가이드라인이 달라지기 때문에 반드시 입찰 전에 다시 전입세대열람을 해야 합니다.

입찰장에서 입찰보증금을 덜 넣거나 더 넣으면 어떻게 되죠?

🙂 입찰보증금 액수가 부족하면 최고가매수인으로 호명이 되었더라도 그것은 곧 무효가 되지만, 입찰보증금을 더 넣는 것은 관계가 없습니다.

재경매는 왜 생기는 건가요?

🙂 재경매(재매각)의 경우는 낙찰이 되었으나 낙찰자가 잔금 납부를 하지 않음으로써 다시 경매가 진행되는 경우를 말합니다. 그렇기 때문에 재경매 물건의 경우는 과거 낙찰자가 입찰보증금을 돌려받지 못함을 감수하며 잔금 납부를 하지 않은 이유가 개인사유인지 아니면 현장조사 시 보이지 않는 치명적 권리관계가 있는 것인지의 여부를 꼼꼼히 재 분석하여 입찰을 해야 합니다.

경매 응찰 후 패찰을 하게 되면 입찰보증금 언제 되돌려 받나요?

🙂 경매입찰봉투를 제출할 시 입찰자용 수취증을 받게 됩니다. 그것을 꼭 가지고 있다가 자신의 경매사건을 호명한 뒤 패찰되었다면 그 자리에서 입찰자용 수취증을 제출하고 자신의 보증금을 되돌려 받아 나오시면 됩니다.

응찰 후 패찰을 하면 2등금액으로 응찰한 자에게 차순위매수신고를 하겠냐고 묻는데요?

😊 최고가 매수신고인이 잔금 납부기한 내에 잔금을 납부하지 않을 경우 자기의 매수신고에 대하여 매각을 허가해 줌으로써 대신 잔금 납부하여 취득하겠다는 신고를 '차순위 매수신고'라 합니다. 단 차순위 매수신고를 했을 시 차순위 매수신고자는 최고가 매수신고인이 잔금 납부를 하기 전까지 입찰 보증금을 돌려받을 수 없습니다.

경매가 진행되는 것을 보면 최소 2~3시간은 하는데 2~3분 발표하는 제 사건을 놓치지 않고 기다리기 위해 좋은 방법이 있나요?

😊 경매법정에 들어서기 전 입구에는 무료경매정보지를 배포하는 분들이 몇 분씩 있습니다. 해당 정보지를 받아 펼쳐보면 발표가 진행되는 순서에 따라 경매사건번호가 나열되어 있으니 꼭 챙기셔서 수시로 자신의 경매사건발표가 얼마나 남았는지 보시면 큰 도움이 됩니다.

정확한 날짜에 해당법원에 갔는데, 제 경매사건을 진행하지 않는 난감한 경우가 발생했습니다.

☹ 해당경매물건이 변경이 되거나 채무자가 채무를 모두 변제(갚음)함으로써 취하가 된 경우입니다. 이러한 경우를 대비하여 항상 아침에 법원을 나서기 전에 대법원경매사이트에 들어가 해당사건이 정상적으로 진행이 되는지 혹은 변경이나 취하가 되어버리지는 않았는지 꼭 체크하신 후 법원을 나서는 것이 좋습니다. 법원에 도착하였다면 경매법정 입구 옆 게시판을 통해 변경 또는 취하가 된 물건에 대한 공지를 확인하시고 다시 한번 체크하시기 바라겠습니다.

Secret 5

명도의
비밀

시간은 수익률이다

경매초보자 분들은 명도를 하는 데 있어서 숙련된 기술이 없기 때문에 운이 좋다면 실력과 관계없이 쉽게 명도가 될 수 있지만, 운을 믿고 명도를 할 수는 없다. 항상 염두해 두고 있어야 될 것은 '시간이 곧 수익률'이라는 점이다. 필자는 명도를 할 때마다 『손자병법』의 한 문구를 되새기곤 한다.

百戰百勝 非善之善者也 不戰而屈人之兵 善之善者也.
백 전 백 승 비 선 지 선 자 야 부 전 이 굴 인 지 병 선 지 선 자 야

백번 싸워 백번 이기는 것이 최선이 아니라, 싸우지 않고 적을 굴복시키는 것이 최선이다. '명도는 다섯 번 이기면 망한 것과 다름이 없다'라는 말을 기억하길 바란다.

예를 들어 낙찰받고 법이 낙찰자에게 주는 힘만 믿고, 건물을 비워줘야 하는 점유자에게 인도명령결정문을 시도 때도 없이 흔들며 협박을 하고, 강제집행을 하겠다고 소리를 꽥꽥 지르거나, 유치권을 주장하는 자에게 불법유치권이니 당장 안 나가면 형사적 고소를 하겠다는 식으로 대응한다면 시간이 더욱 지연될 것이다.

한 번에 이기지 못하고 점유자를 상대로 인도명령신청을 해 인도명령결정문이 나오는데 한 번 이기고, 점유자를 찾아가 강제집행을 하겠다고 협박하며 두 번 이기고, 강제집행신청을 하고 집행관이 경고를 하기 위해 점유자를 찾아가 계고장을 붙이며 "2주 안에 비워주시지 않으면 강제집행을 해야 합니다"라고 해서 세 번 이기고, 강제집행을 실제로 하며 네 번 이기며, 점유권을 확보한 뒤 집행한 이삿짐들을 정리하여 인계해주며 다섯 번을 이겼다고 하더라도 그 기간 동안의 대출이자비용을 통해 역부가가치만 발생시키고, 임대를 줬다면 얻을 수 있는 매월 고정수익의 부가가치도 제로로 만든 셈이다. 아파트의 경우 시세대비 80%의 낙찰을 받았다면, 역으로 비용을 많이 발생시켜 이기고도 정작 자신은 이기지 못한 게임이 될 수 있다는 점을 명심해야 한다.

하지만 이 정도는 양호한 것이다. 유치권, 법정지상권, 분묘기지권, 지분경매 등을 낙찰받았다면 민사소송을 통해 빠르면 1년 늦으면 2~3년도 지체될 수 있다. 다섯 번을 이기면 뭐하는가. 경매를 하는 이유는 수익 때문인데 비용만 내면서 시간이 지체되다 보면 이기고도 진 꼴이 될 수 있다는 것이다. 결과적으로 탁월한 협상능력과 소통의 기술이 명도에 있어서 굉장히 중요한 역할을 하는 것이 사실인 만큼 이 점을 꼭 명심하고 또 명심해야 한다.

낙찰 후, 명도 지도

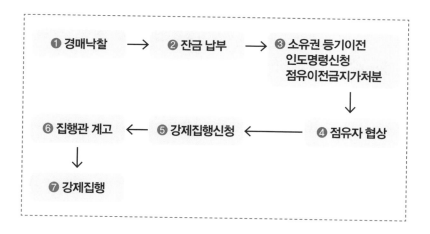

최고의 명도는 ❹번에서 마무리를 짓는 것

❹번에서 점유자와의 명도협상이 이루어지면 시간과 비용을 절약할 수 있다. 만약 ❹번 단계에서 협상에 실패하여 강제집행 신청을 하

여 ❼번까지 밟게 된다면 최소 2개월은 더 기간을 잡아야 하기 때문에 비용과 시간 면에서 이기고도 이기지 못한 꼴이 될 수 있다. 하지만 시세대비 반값낙찰을 받았다면 물론 이긴 게임일 것이다.

❹번에서 명도를 마무리 짓기 위해서는 경매를 낙찰받고, 당일 해당 점유자를 찾아가 만나 입장을 밝히고 협상을 시작해야 한다. 찾아갔을 시 부재중이라면 메모지에 '낙찰자입니다. 010-1234-1234'와 같이 휴대폰 번호와 함께 메모지를 현관에 붙여놓고라도 와야 한다. 대화가 생각보다 잘 되고 있다고 하더라도 반드시 잔금 납부를 하는 때 점유자를 상대로 인도명령신청을 함께하길 바란다. 만약 점유자가 갑작스레 마음이 변한다면 강제집행신청을 하여 집행에 의지를 보인다. 재협상에 들어가야 하는데 인도명령결정문이 있어야만 강제집행신청이 가능하기 때문이다.

특수권리 주장자들을 ❹번에서 마무리 짓는 법

대표적으로 유치권주장자가 될 수 있겠다. 유치권과 같은 경우는 사실 인도명령신청의 대상이 아닌 명도소송의 대상이다. 그럼에도 불구하고 때로는 ❹번인 인도명령신청을 통해 결정문이 나오는 이유는 소송의 필요가 없을 만큼 명백한 증거자료가 있을 때이다. 하지만 대부분은 명도소송을 해야 하나, 유치권과 같은 명도소송은 민사이기 때문에 짧게는 1년, 길게는 2~3년도 걸릴 수 있다. 1심에서 승소를 하였다고 하더라도 유치권 주장자가 항소를 하거나 포기하지 않음으로

써 2심도 가고 3심도 갈 수 있다. 그렇다면 대출이자는 나가고 임대소득은 올릴 수 없다. 이 얼마나 슬프고 고통스러운 일인가.

특수한 권리든 특수하지 않은 권리이든 권리 주장자가 바라는 것은 원수가 지지 않은 이상 돈 말고 따로 바라는 것은 없다. 결국 돈으로 해결을 하는 것이다. 예를 들어 허위유치권자는 경매방해죄와 사기죄 등 형사법에 위배가 된다. 이 사실을 유치권자가 정확히 인식을 할 수 있도록 내용증명에 적고 유치권이 성립할 수 없는 근거자료들을 뚜렷하게 적어 보냄과 동시에 만남을 통해 유치권신고 금액이 1억 원이라면 한 2,000만 원 정도에 협의하여 조용히 물러가도록 하는 기술이 명도소송을 통해 승소하여 내쫓는 것보다 오히려 수익률면에서 또는 정신적면에서 훨씬 이익인 경우가 많다. 이러한 명도의 기술은 사실 책을 통해 수학문제 풀 듯 배운다고 풀리는 것이 아니라, 지속적인 간접 경험과 직접 경험을 통해 당근과 채찍의 기술을 연마하는 방법 외에는 없다.

악질은 ❻번에서 명도를 끝내는 것도 기술이다

경매를 하다 보면 자신의 임차보증금을 배당받지 못하는 임차인이거나, 자산관리에 실패한 소유자인 경우 이성적으로 대화하지 못하고 억지만 부리는 상황이 연출된다. 낙찰자의 이야기를 들으려 하지도 않고 마치 집을 빼앗는 사람 취급을 하며, 심각한 냉대를 받는 경우도 있다. 사실 집을 빼앗은 것은 낙찰자가 아니라 전 주인이 빚을 갚지 못한 것 때문이고, 낙찰자는 정당히 돈을 내고 해당 건물을 매수한 것일 뿐이다. 하지만 이 이치를 점유자가 알고 있는 경우는 1000명 중 1명이 있을까 말까다.

이와 같이 '배 째라형'의 경우는 잔금 납부와 동시에 인도명령신청을 하고, 인도명령결정문이 나오자마자 강제집행 신청을 해야 한다. 그 후 법원 집행관으로부터 ○월 ○일에 해당 점유자가 있는 곳에 계고를 하러 갈 것이니 증인 2명을 데리고 함께 나오라고 할 것이다. 이때 찾아간 집행관이 2주의 시간을 주며 경고를 하게 되는데 이때 웬만한 점유자는 표현은 안 해도 가슴속이 철렁하며 정신이 번쩍 든다.

이때부터는 낙찰자가 주고자 했던 소정의 이사비에서 아주 약간만 더 올려주더라도 이사 약속을 잡을 것이다. 그럼 그 날짜 맞추어 나가는 것을 보고 이사비를 주는 동시에 강제집행을 취소하는 방법이 있다. '이열치열', '이한치한'인 것이다.

상대가 완강하면 실제로 이사비를 한 푼도 주지 않고 강제 집행 의지를 보여주면서 상대를 만나 침착하고 냉정히 대화를 하되 인격적으로 상처를 받지 않게 협상을 해나가는 방법도 나쁜 방법은 아니다. 이유는 그래도 강제집행 비용을 들이지 않고 소정의 이사비를 주고 마무리를 그나마 빨리 했기 때문이다.

이사비 능숙하게 밀당하고 협상하기

발 빠른 명도로 낙찰받은 물건을 목적대로 사용하기 위한 이사비 협상기술에 있어서 필자의 원칙을 이야기 하고자 한다.

1. 상대방의 기대치 줄이기

상대방은 처음부터 몇 백에서 몇 천까지 요구할 수 있다. 이런 상대방의 기대치를 무너뜨리고 시작하는 것이 첫 번째로 중요하다. 그렇기 때문에 처음 협상 시는 이사비는 없는 것으로 시작하여 안타까운 마음에 점유자에게 봉사를 하는 마음으로 20만 원, 30만 원식으로 점차 지불할 이사비를 올려가길 바란다.

2. 채찍과 공감

낙찰자가 원하는 이사날짜에 가까울수록 이사비를 더 지급하고 임차인이 배당일까지 버틸 경우, 이사비는 없다는 점을 분명하게 이야기해준다. 소유자의 경우 하루라도 빨리 나가는 것이 이사비를 많이 받는 것임을 확인시켜줘야 한다. 예를 들면 이번 달에 나가면 150만 원이고 다음 달에 나가면 100만 원밖에 줄 수 없다는 식으로 협상해야 한다. 이렇게 이야기하면 분명 점유자는 이런 식으로 말할 것이다.

"그런 법이 어디 있어요? 그냥 200만 원 주세요!"

그렇다면 기분이 조금 나쁘더라도 이해할 수밖에 없도록 이야기를 해야 한다.

"저는 지금 미납해 놓으신 연체관리비까지 제가 내주면서 이사비를 드리려고 하는데, 그렇게 말씀을 하시면 안 되지요. 미납된 연체관리비는 빼고 드릴 수도 있는데, 선생님의 안타까운 상황을 생각해 그렇게 안 하는 것입니다. 또한 이번 달에 나가시면 저도 현금이 150만 원이 있어서 드린다고 한 건데 다음 달로 넘어가면 대출이자만 50만 원도 훨씬 넘게 나옵니다. 제가 무슨 돈으로 150만 원을 드릴 수 있겠습니까? 저는 지금 무상으로 거주하게 해드리고 있으면서 대출이자만 내고 있다는 점을 알아주십시오. 드리고 싶어도 저도 대출을 한 가득 받아 이자 감당도 하기 힘들어 드릴 수 있는 여력이 없습니다."

이런 식으로 상대방이 오히려 미안해지도록 이야기를 하는 것이 좋다.

3. 점유자가 직접 제시한 금액을 낙찰자가 승낙하라.

심리전에서 이겨 점유자의 기대치를 낙찰자가 줄 수 있는 범위까지 내려놓은 뒤, 점유자인 상대방이 이사비 금액을 제시하도록 하고 낙찰자는 승낙을 하는 입장이 되는 것이 유리하다. 그래야만 점유자는 자신의 요구가 받아들여진 것이 되고 의무를 이행할 것이지만, 그 반대가 되면 이사 약속을 지키지 않는 경우가 많아 강제집행 신청을 하면서 '속았구나!' 후회하면 시간은 굉장히 지연될 수 있다.

4. 무리한 이사비를 지속적으로 요구할 경우

이땐 즉시 강제집행할 수 있음을 충분히 알려주고 상대방을 배려하여 법적 절차를 하지 않고 있음을 주지시킨다. 물론 실제로 강제집행신청을 하고 오는 것이 더 좋다.(웬만한 아파트 강제집행접수비용 10만 원이면 된다.) 집행신청을 하고 나면 집행신청은 혹시나 이사 약속을 한 뒤 이행되지 않을 것을 대비해 신청을 해놓았고, 협의가 되어 이행이 되는 대로 집행신청을 취소할 것이라고 정중히 양해를 구하면 좋다.

5. 강제집행 계고 후

아직도 명도가 되지 않았다면 어쩔 수 없다. 집행관의 스케줄에 맞추어 집행관을 앞세워 현장에 착수해 계고장을 붙이고 2주 뒤 강제집행 스케줄이 잡힐 것을 생생히 인식하게 해준다. 여기서 굉장한 강성의 악질은 마음대로 해보라는 식으로 더욱 성난 모습을 비추게 되는데 그 강성의 악질 점유자도 똑똑히 들었을 것이다.

'2주 뒤 강제집행!'

시간이 조금 흘러 2주가 되기 3~4일 전부터는 밤잠을 못 자며 고민을 하고 걱정을 하다가 결국에는 1~2일 남겨두고 집행취소해 줄 것을 요구하면서 낙찰자의 요구를 들어주는 것이 90%이다. 나머지 5%는 정말로 강제집행을 해야 한다. 하지만 독자의 협상능력과 기술이 탁월하다면 강성의 점유자든 약성의 점유자든 집행까지 오지 않게도 충분히 할 수 있다는 점을 명심하길 바란다.

허위임차인 명도법

허위임차인의 경우 명도가 늦어지는 이유 중 한 가지는 배당기일이 되기까지는 인도명령신청이 받아들여지지 않아 강제집행신청을 할 수 없기 때문이다. 법원에서는 진정한 임차이든 허위임차인이든 형식 요건만 갖추면 임차인의 지위가 인정되는데, 실제 임차인에 대한 배당기일까지 기다려봐야 판가름이 나는 것이다. 그렇다고 마냥 기다릴 수는 없다. 필자가 항상 강조하듯 빠른 명도가 수익률에 많은 기여를 하기 때문이다. 지금부터 필자와 허위임차인을 명도해보자! 아래는 필자의 내용증명 양식이다.

1. 잔금 납부 후 내용증명을 강력하게 담아서 보내라.

위 내용증명 안에 입찰 전 현장조사를 통해 허위임차인임을 확인한 물증과 증거들이 있다면 그와 같은 내용을 모두 첨부하여 꼼짝 못하게 만드는 것이 좋다. 예를 들어 해당경매물건의 채권자 측인 은행에서 대출 시 받아두었던 '무상거주확인서', 주민자치센터에서 확인한 내용(녹취), 관리사무소를 통해 확인한 내용(녹취) 등도 함께 보내 철저한 조사와 분석을 바탕으로 내용증명을 보낸다. 순순히 협조가 되지 않을 시 그에 맞는 강력한 조치가 있을 것이라는 걸 고지해야 한다.

내용증명
강제집행 조치 및 손해배상청구 예고

사건번호:
주 소:
수 신:
발 신:

귀하의 건강한 번창하심을 기원합니다.

1. 본인은 민사집행법에 의거하여 대한민국 서울중앙법원으로부터 본 경매 물건을 낙찰받은 낙찰자 김○○의 대리인 법무법인 ○○○입니다.

2. 일전에 방문 드린 결과, 당시 집안에서는 불빛이 새어나오고 인기척이 느껴짐이 분명한데도 불구하고 의도적으로 문을 열어주지 않았으며, 대화에 응하지도 않아 부득이하게 강제집행을 실시할 예정입니다.

3. 더불어 신고된 임차인 2인이 만일 허위라고 판단이 되는 경우, 강력한 법의 판단을 물을 수밖에 없을 고지하는 바입니다.

4. 형법상 저촉 법조항
―형법 제140조 2항 부동산강제집행 효용침해죄
―형법 제315조 경매, 입찰의 방해죄
―형법 제319조 강제집행면탈죄
―형법 제349조 부당이득죄
―형법 제350조 공갈죄
―형법 제366조 재물손괴죄

※ 다만 강제집행 신청 전에는 언제라도 대화의 문은 열려 있으므로 내용증명을 받으신 후 즉시 연락을 취하여 주시기 바랍니다.

2. 허위임차인과의 대화

　내용증명을 본 후 연락이 온다면 미팅날짜와 시간을 잡는다. 만약 전화통화를 통해 악질로 예상이 된다면 고소장을 만들어 나가길 바란다. 고소장을 만들기 위해서는 직접 인터넷에 양식과 샘플들을 찾아 만들거나, 법률업무를 하는 사무소에 의뢰를 하는 것이 좋다.

　고소장을 만들어 간 뒤 허위임차인의 태도가 불순하다면 카리스마 있게 고소장을 꺼내 놓고 이야기하라. 웬만한 강심장이 아니고서는 움찔하게 될 것이다. 이때 사실은 허위임차인이라고 이야기할 용기 있는 자는 많지 않을 테니 2~3일정도 잘 생각해보고 연락 달라고 한다. 아마도 그 안에 한 200만 원이라도 주면 바로 나가겠다고 할 수도 있다. 그렇게 되면 오히려 굉장히 빠른 명도를 할 수도 있는 것이다.

3. 배당기일이 지난 뒤 인도명령신청

　배당기일에 임차인의 지위로 배당받지 못하게 되었다면 인도명령 신청을 한 후, 인도명령결정문이 나오자마자 강제집행신청하여 진행을 하면 된다. 물론 그 사이에도 돈 100만 원이라도 받고 당장이라도 나가겠다고 한다면 주고 보내고, 아니면 강제집행신청과 함께 형사고소를 하는 방법으로 가면 된다.

비밀열쇠

선순위임차인이 분명하고 인수해야 하는 보증금액이 명백할 때 우리는 당연히 인수해야 하는 보증금을 감안해서 낙찰받게 된다. 하지만 낙찰받고 나서 보증금액 전부를 인수하지 않고 명도를 하거나 보증금액의 일부만을 주고 명도를 완료할 수 있는 방법이 있다. 지금부터 필자가 하는 이야기는 경매실무를 하는 전문가들 1,000명 중 1명 꼴로 알고 있는 내용이니 집중력이 흩어졌다면 다시 집중하길 바란다.

대부분 어떤 의심도 없이 선순위임차인의 보증금을 전액 준다. 하지만 경매가 진행되면서부터 매월 월세를 소유자에게 납부하지 않은 금액은 보증금에서 매월 차감되는 것이 원칙이다. 그렇다면 임차 보증금 2,000만 원, 월세 200만 원을 내고 있는 상가임차인이 경매가 진행되면서 만약 10개월 동안 월세를 소유자에게 납부하지 않았다면, 10개월 동안 보증금에서 이미 모두 차감되어 받아갈 돈이 없는 것이다. 생각해보라. 그렇다면 소유자의 지위를 이어받은 낙찰자는 '보증금 전액을 못 받았으니 보증금 전액을 달라!'고 하는 선순위임차인에게 줘야 할 의무가 과연 있을까? 사실 보증금을 인수해야 할 의무가 없다. 우리는 이와 같은 이치를 모르고 대부분의 경매인들이 보증금 전액을 인수하고 있는 것이다. 건물이 경매에 붙여져 정식으로 다른 사람 것이 되기 전까지는 내 것(주인)이니 월세를 내라고 하는 경우도 있으나, 상황이 상황이니만큼 불안감과 동시에 이를 악이용하려는 마음에 일부러 내지 않는 경우가 대부분이다.

이와 같이 선순위임차인이 월세를 미납하고 있는 기간을 파악하기 위해서는 현장탐문과 조사가 굉장히 중요하다. 해당 경매물건의 소유자를 만나 상가임차인이 월세를 미납하고 있는 현황을 요구하고, 그에 대한 사례를 하는 방법이 가장 확실한 방법이지만, 소유자를 만날 기회를 만드는 것이 쉽지 않을 시 주변 현장탐문과 조사를 통해 꼼꼼히 그리고 치밀하게 파고들어 봐야 할 것이다. 아마도 관리비와 각종 요금 등이 지속적으로 연체되었고, 상가 또한 장사가 그리 썩 잘되지 않는다면 경매 진행을 기회로 월세를 내지 않고 있을 가능성이 굉장히 높다.

소유자를 통해 월세가 이체되지 않기 시작한 내역을 확인하면 확실한 증거가 된다. 그렇지 않은 경우라면 보증금을 인수할 수도 있다는 전제에 낙찰을 받고 잔금 납부와 동시에 '인도명령신청'을 해보길 바란다. 인도명령신청을 할 시 현재의 상가임차인이 월세 미납기간이 상당 시간 흘러 보증금 전액에서 차감이 된 점을 주장하고, 현장탐문과 조사를 통해 모은 근거자료들을 함께 첨부하면 법원은 다시 선순위임차인을 상대로 경매가 진행되기 시작하면서 월세를 소유자에게 이체한 내역을 확인하고자 심문하게 된다. 이때 선순위임차인이 월세를 조사 내용대로 미납해 보증금액에서 이미 모두 차감되었다면 선순위임차인을 상대로 법원은 '인도명령결정문'이 나오고 그것을 집행권으로 일반 후순위 임차인과 같이 명도가 가능하게 되는 것이다.

그러니 꼭 이 점만을 노려서 낙찰받은 경우가 아니더라도 선순위임차인의 경우 보증금전액을 인수하려 들기 전에 미납해온 월세가 얼마나 되는지를 파악해 그 미납금액만큼을 인수해야 하는 보증금액에서 차감하여 줄 수 있다는 사실을 꼭 기억하길 바란다. 🔑

유치권자들은 이렇게 무찌른다

유치권은 점유가 전제가 되기 때문에 명도만 이루어지면 유치권 문제는 당연히 없어진다. 따라서 유치권을 주장하는 사람과는 명도의 문제가 모든 것이라고 할 수 있다.

서류상으로나 실제상으로 유치권이 사실이라면 요구 금액을 주고 명도하면 모든 문제가 해결될 것이다. 그러나 입찰에 있어서는 허위 유치권이라고 판단되어 입찰했다고 할 때 이 허위 유치권을 어떻게 무력화시키고 명도를 해낼 것인가 하는 것이 핵심문제가 될 것이다. 유치권자는 기본적으로 인도명령 대상이 아니다. 따라서 협상에 실패 시 명도 소송은 기본으로 생각을 하고 있어야 하는 것도 사실이다.

유치권자 명도과정은 다음과 같다.

1. 점유이전금지 가처분을 먼저 하기

허위유치권을 주장하는 사람들이 간접 점유를 좋아하는 경우가 많고, 관리인을 자처하면서 명도를 방해하는 경우가 많다. 따라서 유치권신고가 되어 있으면 신고한 사람을 상대로 하고, 만일 부동산 물건지에서 유치권을 알리는 플랜카드나 경고문이 붙어 있는 경우에는 당사자를 불러 인적 사항을 확인한 후 점유이전금지 가처분을 먼저 해야 한다.

2. 점유이전금지 가처분을 실행하고 당사자를 확정시키기

가처분을 위해서는 신청자가 집행관과 동행해야 한다. 이때 상대방이 누구인지 특정화시켜 다른 사람에게 점유 이전하는 것을 막아야 한다.

3. 유치권자와 대화를 통해 이사비 협상하기

유치권자도 잘못되면 형사 처분을 받는다는 것을 알고 있는 경우가 많다. 거짓말을 해야 하는 상대방도 괴로운 법이다. 대화를 통해 상대방이 원하는 것과 자신이 해줄 수 있는 것을 최대한 협의한다. 싸우지 않고 이기는 것이 최선의 방법이다.

4. 명도 소송과 형사 고소를 병행하기

유치권자에게 형사 처분도 가능함을 경고 했음에도 불구하고 욕심이 눈을 가린 사람들은 막무가내로 거액의 합의금을 요구할 것이다. 대화가 안 된다고 판단되면 즉시 명도 소송을 청구하고 형사 고소 소장도 바로 접수해야 한다.

허위유치권은 사기 및 경매 방해 혐의가 적용되고 경찰서에서 6개월 이내에 처리가 된다. 사안과 금액에 따라 다르지만 초범이고 합의금을 못 받은 사기 미수라고 해도 실형을 받는 경우가 많다는 점도 꼭 기억하길 바란다.

5. 명도소송을 통해 금액 낮추기

임차인이 건물의 객관적 가치를 상승시킨 유익비 투자금이라고 하더라도 감가상각을 한 이후의 금액만 인정되고, 공사비도 부풀려진 경우가 대부분이며, 그나마 완공되었을 때의 금액이므로 공사 중인 건물에 대한 가치는 생각보다는 그렇게 많지 않다. 상대방이 주장하는 금액을 모두 인정하기보다는 판결에 따르는 것이 훨씬 금액이 줄어들 수 있다.

유치권처럼 사실 사기꾼이 많은 권리도 없다. 솔직히 말해 유치권에 대해 어느 책을 찾아보아도 늘 교과서적인 답변(유치권의 성립기준, 정의, 소멸 등)만 실려 있다.

대법원의 판례를 찾아보아도 그리 많은 판례가 있지 않음을 알게 된다. 주요 판례에서도 뚜렷하게 정의된 것도 사실 없다. 이유는 유치권의 대부분은 자신의 재산을 지키려는 소유자가 서로 짜고 넣는 것이고, 공사 대금 청구권을 갖고 있는 사람도 실제 공사비보다 2배 이상 부풀려서 신청하는 것이 일반적이기 때문에 법에서 규정된 것이 실제로 규명하기가 어려운 것이다. 즉 사실 관계가 정확하지 않으므로 이후 판례에 따르는 것이 의미가 없다고 생각한다.

유치권을 신청한 것이 사실이냐 아니냐 혹은 알고 신청했는가 아니면 허위로 넣었는가가 실제로 규명하기가 어렵다. 유치권이 성립되지 않는 줄 알고 낙찰을 받았는데 유치권이 성립되면 그야말로 그 유치권 금액만큼 손실을 볼 것이고, 유치권이 성립되는 줄 알고 그 금액을 감안해서 입찰을 했는데 유치권이 성립되지 않는다면 그러한 횡재 또한 없는 셈이다. 문제는 이런 상황에서 허위 유치권을 입증한다는 것이 쉬운 일이 아니다. 따라서 실무에서 유치권은 그리 만만 분야가 아니다.

유치권의 특징

1. 유치권 신청은 반드시 해야 하는가?

유치권을 경매 절차에서 반드시 권리신고를 해야만 하는 것은 아니다. 법원에 권리신고를 하지 않았다고 유치권을 주장하는 사람에게 유치권이 없다고 주장하는 것은 잘못된 것이다. 직접점유를 하고 있든 간접점유를 하든 점유를 하고 있고 이를 명인 방법으로 표시를 한다면 유치권이 성립이 되는 것이다. 오해 없길 바란다.

유치권이 신청된 물건은 기본적으로 인도명령대상이 아니기 때문에 인도명령결정문이 나와 그것을 집행권으로 강제집행을 신청하는 것이 현실적으로 쉽지 않으며, 결과적으로 명도를 하려면 명도 소송까지 생각해야 한다. 따라서 현장을 방문해 유치권을 주장하는 경고문이나 안내문이 있는가 확인하고 점유자를 가급적 만나보는 것이 중요하다.

2. 유치권 신고가 된 물건은 대출이 일단 불가능하다.

자금계획을 세울 때 꼭 주의해야 하는 내용이다. 유치권신고가 되어 있음에도 불구하고, 대출이 일반경매물건처럼 나올 것이라고 생각하면 큰 오산이다. 특히 유치권 신고를 하는 물건은 그 금액이 대개 거액이기 때문에 갑자기 대출이 불가능한 금액만큼 준비하는 것은 쉽지 않다. 또 잔금 납부를 한 뒤 명도 소송이 하루 이틀에 끝나는 것이 아니므로 자금 계획을 리스크 범위 안에서 철저히 세우는 것이 좋다. 가장 좋은 방법은 대출 없이 현금으로 투자하는 것이다. 유치권을 해결한 뒤 대출받아도 늦지 않다.

3. 유치권 신청 자체가 형사사건은 아니다.

본인이 유치권이 있는 줄 알고 신청했다가 성립이 안 되는 것으로 결론이 났다고 해도 그것만으로 강제집행면탈죄나 소송사기가 되는 것은 아니라는 의미다. 유치권은 어디까지나 민사적 권리이지 형사사건에 해당되지 않는다. 따라서 낙찰 후, 무조건 형사사건으로 몰고

가서 해결하면 된다고 생각하는 것은 무모한 것이다.

대개 경찰에 신고하면 해결되는 것처럼 설명하고 있으나, 경찰은 절대 해결사가 아니다. 사기가 성립되지 않는 데도 불구하고 형사 사건으로 몰고 갈 경우 잘못하면 무고죄로 고소당하는 역공을 맞을 수도 있다.

이러한 이유들로 인해 경매물건 중 웬만하면 유치권신고가 남발되고 있는 것이 현실이다. 대부분은 부동산 소유주가 건축업자와 짜고 다른 사람들이 입찰받지 못하게 하여 본인이 제3자 명의로 낙찰받으려 한다. 이들은 사전에 충분히 준비를 하고 있고 법에 대해서도 잘 알고 있는 경우가 대부분이다. 그렇다면 채권자의 권리를 해치는 이런 유치권은 어떻게 해야 하는 것일까?

기본적으로 유치권 신고 시 제출된 모든 서류들을 꼼꼼히 검토해볼 필요가 있다. 영수증에 표시된 사업자 등록번호, 주소 등을 확인하고 사실 유무를 확인한다. 또 공사 대금으로 신청한 경우, 해당 건설회사에 세밀하게 조사하고 하도급 관계도 조사해야 한다. 대부분 유치권을 주장하기 위해 허위 서류를 법원에 제출하는 경우가 많은데 그렇다면 이야기가 달라진다. 허위 서류로 법원을 기만한 것이 되므로 이때부터는 소송 사기에 해당되어 5년 이하의 실형 대상이 되는 것이다.

유치권은 모든 것을 걸고 싸우는 경우가 많다. 100% 내가 이긴다 해도 그 과정이 쉽지 않다. 물론 어설프게 신고한 경우는 금방 눈으로 찾을 수 있으나, 치밀하게 준비한 경우에는 시간이 굉장히 소모되고

자금압박도 심하다. 마음고생은 말할 것도 없어 결국 실익이 없게 되는 경우가 많다. 그래서 필자가 경매를 처음 임하는 독자에게는 당부하고 싶은 한 마디는 아무리 좋아보여도 유치권은 되도록 피하는 것이 좋다. 실전 실력이 굉장히 필요한 부분이기 때문이다.

낙찰받은 건물의 체납관리비 대처법

경매로 낙찰을 받고 나면 또 하나의 골칫거리가 체납된 관리비이다. 연체료까지 듬뿍 얹어 적게는 수십만 원에서 많게는 수백만 원, 수천만 원이 되는 경우도 있다. 이 체납관리비가 누구의 몫인가? 사용자, 낙찰자 아니면 관리비 징수업무를 태만히 한 관리실의 책임인가? 아니면 전 소유자인가?

📘 판례

이와 관련된 판례를 살펴보면 우선 아파트소유권을 취득한 사람에게 전 소유자의 체납관리비 채무를 승계하도록 규정한 공동주택관리 규약의 효력은 무효라 하였고, 입주자의 지위를 승계한 자에 대해서도 그 효력이 있다는 규정에 대해서도 승계인의 지위를 과도하게 침해하는 위헌적 규정이라 판결한 바 있다. [서울지법 2000.2.17.선고 99나94209 판결]

또 경락으로 인하여 소유권을 취득한 자는 승계취득이 아니고 원시취득이기 때문에 승계인이라 말할 수 없으므로 그 소유권 취득 이전의 체납관리비에 대하여는 납부의무가 없다.[창원지법 1997.7.25선고 97나3501 판결]

지극히 당연한 판결이고, 사용한 자가 납부를 해야 하는 것은 정의상에도 맞다. 하지만 대법원의 판례가 결정적 논쟁거리를 제공하게 되었다.

> **📖 판례**
> **[대법원 2001.9.20선고 2001다8677]**
> 하지만 아파트의 특별승계인은 전 입주자의 체납관리비 중 공용부분에 관하여는 이를 승계해야 한다고 봄이 타당하다.

바로 위 판례는 경매가 진행되기만 하면 에너지를 낭비시키고, 고의적으로 연체시키는 도덕불감증 얌체 점유자를 양산시키는 원인을 제공한다. 전기, 수도, 가스비용 등 대부분의 공과금은 법적으로 낙찰자에게 승계되는 것이 아니다. 가스요금의 경우 사용자를 추적하여 연체료를 회수한다. 그런데 유독 관리비에 대해 다른 잣대를 내미는 것은 순전히 위의 어이없는 판례 덕이다. 대법원판례의 중요성을 다시 한 번 절실히 느끼게 한다. 따라서 낙찰자는 상황에 따라서 체납된 관리비를 처리해야 한다.

1. 분양이 되지 않고 소유자가 정해지지 않은 상황에서는 관리단이 구성될 수 없기 때문에 낙찰자가 체납관리비 부담의무가 없으며 [대법]
2. 3년이 지난 관리비 또한 낙찰자가 부담하지 않는다. [대법]

3. 연체료 또한 공용부분의 관리비에 포함되지 않는다. [대법]

필자의 경우는 전유부분이든 공용부분에 대한 관리비든 구별하지 않고 명도를 하며 미납된 전체 관리비를 점유자에게 건네줄 이사비용에서 차감하여 내보내는 쪽으로 명도를 한다. 이것이 가장 좋은 협상 방법이고, 두 번째는 전유부분을 제외한 공용부분에 대해서 미납된 관리비만 인수하고 이사비용을 지불하여 내보내는 방법이다. 마지막 세 번째는 미납된 관리비 전체를 인수하고 이사비를 주는 방법이다. 세 번째의 경우가 가장 기분이 좋지 않은 방법인데, 상황에 따라서 강제집행비용이 더욱 부담이 되는 상태라면 어쩔 수 없는 선택이다.

하지만 이것만은 기억하라! 이럴 때는 반드시 미납관리비를 한 푼도 인수하지 않고 내보낼 수 있다. 후순위 임차인이 법원으로부터 보증금 중 일부라도 배당받을 잉여가 있을 시에는 이사비를 100원도 주지 않은 상태에서 미납관리비 전체를 사용한 임차인이 내고 나가게 만들 수 있다. 배당을 받을 임차인이 배당을 받기 위해서는 낙찰자의 명도확인서와 인감증명서를 반드시 챙겨서 법원을 가야 하기 때문이다. 즉, 낙찰자는 집을 비워주는 날짜가 다가와 이사하는 것을 보고, 미납관리비 전액을 납부함을 확인한 뒤 명도확인서와 인감증명서를 손에 쥐어주면 되는 것이다.

유형별로
명도의 심리전을 펴라

명분과 명예를 중시하는 타입

꽝장히 반가운 사람이다. 의외로 명도가 편안하다. 일단 자신이 물러날 때와 나아갈 때를 정확히 판단할 수 있는 사람들이기 때문에 대화의 물꼬를 트기는 비교적 쉽다. 그러나 상대가 취약하거나 자신들이 움직일 명분이 없으면 고개를 수그리고 다가오지 않는 경향도 있다. 이런 유형은 두 가지 포인트인 자존심에 대한 존중과 신뢰감의 표시로 명도를 하면 효과적이다.

따라서 약속을 반드시 지키실 거라고 믿는다는 느낌을 주는 것이 중요하다. 상대방의 인품을 믿고 상대의 약속을 신뢰한다는 메시지를 반복적으로 전달하는 것이 좋다. 또한 이들에게 사춘기에 접어든 자녀가 있다면 더욱 도움이 될 수 있다. 자녀들을 배려하는 성향이 강하므로 그들에게 추한 모습을 보이고 싶어 하지 않는다. 자녀들에게 상처를 주고 싶어 하지도 않기 때문에 적정한 선에서 물러날 줄 안다. 방문할 때도 아무 때나 불쑥 방문하는 것보다는 사전에 전화로 미리 약속일정을 잡아서 그 시간에 협상을 하면 좋다. 전화번호는 관리사무소를 통해 사전에 입수하길 바란다.

비협조적인 점유자

첫 대면부터 얼굴에 웃음기 하나 없이 까칠한 얼굴로 비협조적인 태도를 취하는 점유자는 꼭 있다. 이런 사람들은 보통 세상에 대해 굉장히 부정적인 편이다. 모든 게 다 남의 탓이란다. 자신이 채무를 정상적으로 이행하지 않아서 채권은행의 권리를 해쳤고, 그들에게 손해를 주는 입장인데도 불구하고 자신의 잘못을 돌아보지 않고 오로지 낙찰자를 적대시할 뿐이다. 마치 자신이 선의의 피해자라도 되는 양, 법대로 해볼 테면 하라며 적반하장으로 나오는 경우가 많다. 강제집행은 상호 사회적인 품위를 손상시키고 일종의 전쟁을 방불케 하는 일인데 이런 일들을 당하는 것에 대해 부끄러움을 모른다. 체면, 명예 이런 덕목과는 거리가 먼 것처럼 보인다. 그들의 관심사는 오로지 단 하나, 이사비를 많이 받아내는 일에만 집중되어 있다.

이런 유형들에 대한 대처는 어떻게 하는 것일 좋을까? 필자의 경험상 이런 유형의 사람들에게는 처음부터 강하게 나가야 한다. 만나서 다투거나 싸울 필요가 전혀 없다. 특히 여성들이나 소극적인 성격의 새가슴을 가진 사람들에게는 다음과 같은 방법을 제시하겠다.

1. 강제집행 수순을 밟아야 한다.

먼저 내용증명을 발송하여 증거를 취합한다. 이쪽의 손해되는 사정을 속속들이 적시하면 좋고, 그쪽의 비협조적이고 악의적인 행태를 낱낱이 적시하자. 처음 내용증명은 최대한 정중하게, 두 번째 내용증명은 이처럼 사실관계를 명확하게 적시할 필요성이 있다. 그래야 나중에 인도명령이나 소송으로 접어들 경우도 유리한 증거가 될 수 있다.

2. 중재자를 이용한다.

강하게 서류로 압박하는 한편, 둘 사이를 중재해 줄 객관적인 제3자를 물색하는 것이 바람직하다. 낙찰자와 점유자는 적대관계이므로 감정싸움으로 번질 소지가 크기 때문에 승복하고 뜻을 굽히고 들어올 명분이 별로 없다. 이럴 때 제 3자는 스포츠경기에서처럼 심판의 역할을 해줄 수 있다. 필자의 경우 강제집행 없이 중재자를 통해 악의의 점유자를 원만하게 명도한 경우가 꽤 많이 있다.

느긋느긋한 게으름뱅이

　행동이 느리고 게으른 사람은 대개 사람이 유순하고 착한 경향이 많다. 세상살이에 예민하게 반응하지 않고 남에게 각을 세우지 않는 장점을 지닌 한편, 변화에 둔감하여 발전이 더디며 수동적으로 행동하는 단점을 가졌다. 하지만 성격이 불같거나 변화에 민첩한 사람은 이해타산을 따지지 않고 실천하는 용기를 지닌다. 누구나 장단점이 있다. 그렇다면 게으르고, 사람 좋고, 착한 경향의 사람은 어떻게 명도를 해야 할까?

　1. 마음이 약하고 사람에게 상처 주는 것을 싫어하기 때문에 그쪽의 어려운 형편을 먼저 경청한 후에는 이쪽의 사정도 구체적으로 언급해야 한다. 읍소하듯이 어느 정도 감정을 담아서 이야기하는 것이 좋다. 그럼 상대의 인정이 발동하게 되고 마음이 약해진 상대는 자연스럽게 명도 약속을 하게 된다. 일단 이사날짜와 약속을 받아내면 주도권은 가져오게 되는 것이다.

　2. 행동이나 말투가 당나귀처럼 느리고 모든 문제에 대해 심각성을 모르는 사람들에게는 채찍이 필요하다. 여기서 채찍이란 긴박성을 알려 주어 상대가 스스로 행동하게 하는 것을 이야기한다. 상황에 따라 약간씩 대응방법이 다르다. 상대와 극단적으로 치닫지 말고 끝까지

선한관계로 이어 가되, 보이지 않는 독려가 필요하다. 이사날짜가 잡혔냐고 전화를 하거나, 안 그러고 싶지만 부득이하게 이러이러한 사정상 이렇게밖에 할 수 없어서라고 내용증명을 보내면 된다. 심리적인 강제를 위해서는 이행각서 등을 미리 받아 두면 좋다.

물불 가리지 않는 배 째라형

더 이상 추락할 곳이 없는 사람들의 명도이다. 조심해야 한다. 배 째라형으로 나오는 사람들의 대부분은 막가파식의 무지한 사람들이라기보다는 빚 독촉에 지쳐서 마음이 많이 피폐해져 있고 불특정 다수에 대해 분노를 품고 있을 가능성이 높다. 그러므로 이런 사람들을 대할 때 심리적인 기술이 필요하다. 화풀이 할 대상을 찾고 있는데 내가 그 대상이 되어서는 곤란하지 않은가. 그래서 이들과는 몸싸움을 절대 벌이지 않도록 하길 바란다. 그쪽에서 칼이나 망치 등의 흉기를 가지고 나왔다면 일단 소나기는 피하고, 그들의 마음이 누그러진 다음에 다시 얼굴을 마주대하도록 해야 한다. 얼굴을 마주 대하고 인간적인 대화가 오가도록 분위기를 연출하는 것이 중요하다.

1. 먼저 그쪽 사정을 모두 다 들어주어라.
경청하고 있다는 식으로 맞장구도 쳐주는 것이 좋다. 상대가 자신의 이러한 처지를 이해해 준다고 생각하면 이들의 마음속에 있던 미움과 원한에 대한 칼날이 누그러질 수 있다. 마음의 빗장이 열렸다면 다음 단계에서 대화의 실마리를 제공하면 된다.

2. 그 순간 이쪽의 마음도 고백해야 한다.

상대가 하고 싶은 말을 다 했으므로 속이 후련해져 있으므로, 이쪽에도 자신의 딱한 처지에 대한 이야기를 한다면 기꺼이 그쪽의 마음속에 흡수가 될 것이다. 솔직히 명도를 하는 자신도 지금 어려운 처지에 놓여 있다고 하며 이 집에 빨리 입주하지 않으면 자신이 어떤 곤경에 처하는지 공감 어린 톤으로 말하면 된다(대출이자 감당문제, 전세 만료기간 가까워지는 것 등). 여기서 가장 중요한 것은 역시나 이사에 대한 약속을 구두상으로라도 받아내라는 것이다. 서로 인간적인 교감이 이뤄진 상태에 있으므로 90%는 이사 약속을 해줄 것이다.

물론 사람이 화장실 들어갈 때와 나올 때의 마음이 다르듯, 상대는 그 공간을 벗어나 다른 곳으로 이동하는 순간 다른 생각들이 다시 자리 잡기 시작하고 교감했던 내용들이 서서히 머릿속에서 지워지기 시작할 것이다. 그렇다고 하더라도 약속한 것에 대해서는 책임감을 느낄 것이므로 반드시 교감이 이루어진 상태에서 이사에 대한 언급을 해야 한다.

마지막으로 명도를 하는 데 있어서 우리가 마음속에 항상 지니고 있어야 하는 것 중 한 가지는 사회의 어떤 시스템 안에서도 대전제인 인감의 존엄성이 무너지는 순간, 균형도 정의도 아니다. 요즘은 많은 사람들이 자기계발이라는 명목으로 수많은 '기술서'를 통해 학(學)과 습(習)을 한다.

하지만 모래성 위에 지은 건물은 결국 무너지고 만다. 인문학, 철학에 대한 학습이 되지 않은 상태이거나 또는 삶의 대한 건강한 가치관이 확립되지 않은 상태에서 기술을 익혀 나가는 것은 어쩌면 괴물이 되어 가는 것일 수도 있다.

힘을 가지고 있다고 하여 그 힘을 함부로 휘둘러 본의 아니게 상대방 인생에 잊지 못할 상처가 되어버린다면 인과응보의 법칙에 따라 반드시 내게도 돌아온다는 것을 잊지 말아야 할 것이다. 상대가 큰 욕심 없이 작은 이사비로라도 받고 이사를 해주고자 하는 의지가 있음에도 불구하고, 시간이 없고 대화가 귀찮아 상대방에 대한 배려 없이 무조건 강제집행 하는 것은 옳지 않으니 한번은 명도를 하면서 자신의 행동을 뒤돌아보길 바란다.

명도 TP심리전에서는 역학 관계를 통제하자 📍**Tip**

상황장악방법

- 사람들은 당신을 통제하기 위해 지속적으로 애쓰고 있다. 당신이 그들에게 이익이 되도록 행동하게 만들고 자기가 원하는 방향으로 역할관계를 유도하라. 우세를 점하는 유일한 방법은 통제력을 더 지능적이고 교활하게 만드는 것이다. 상대의 모든 수를 지배하려고 애쓰지 말고 관계 자체의 성격을 정의하기 위해 노력하라.

- 페이스와 이해관계를 유리한 쪽으로 변경하면서 당신이 정하는 영역으로 갈등을 이동하라. 상대의 마인드를 통제하고 감정을 자극하며 실수를 저지르도록 유도하는 책략을 써라. 그들의 긴장의 끈을 늦추기 위해 필요하다면 그들이 통제력을 쥐고 있다고 느끼게 만들어라.
- 전투의 전체적인 방향과 구조를 통제한다면 그들이 무슨 짓을 해도 그것은 당신에게 유리하게 작용할 것이다.

- 〈전쟁의 기술〉 중에서

낙찰 후 명도를 위해 점유 중인 누구에게나 인도명령결정문이 나오나요?

> 그렇지 않습니다. 법률적으로 낙찰자에게 권리를 주장할 수 없는 점유자들을 상대로 인도명령신청이 인용됩니다.
> ⓔ 소유자, 후순위임차인 등

강제집행을 하게 된다면 시간과 비용을 어느 정도 계산해야 할까요?

> 해당법원에 강제집행신청이 들어온 양과 순서에 따라 집행스케줄이 달라져 명확한 시간은 계산하기 어려우나 통상적으로 신청일로부터 2개월까지 소요될 수 있으며 비용은 평당 10만 원 정도로 예산을 잡고 계신다면 무리가 없을 듯 합니다.

점유자가 나가주지 않아 내용증명을 보내려 하는데 의뢰비용은?

> 직접 내용증명을 적고자 하는 자신이 없으시다면 가까운 법무사 또는 변호사 사무실에 의뢰를 한다면 통상적으로 15~20만 원 정도로 서비스가 되고 있습니다.

강제집행은 언제든 할 수 있나요?

> 그렇지 않은 경우가 있습니다. 인도명령신청을 하여 인용이 된 후 결정문을 받아두지 않은 상태에서 6개월이 지나게 되면 강제집행을 신청할 수가 없습니다. 그렇기 때문에 언제든지 강제집행신청을 하기 위해서는 미리 법원으로부터 점유자에 대한 인도명령결정문을 6개월 이내에 받아두셔야 합니다.

배당받아가는 임차인도 이사비를 주어야 하나요?

😞 그렇지 않습니다. 배당을 받아가는 임차인의 경우에는 낙찰자로부터 명도확인서와 인감증명서를 함께 첨부하여 법원에 제출해야 배당이 가능하기 때문에 이사비보다는 명도확인서를 요구할 것입니다. 결론적으로 배당을 받기 때문에 이사비를 주지 않아도 되며, 임차인은 배당을 위해 낙찰자의 명도확인서가 필요하기 때문에 명도도 수월히 가능할 것입니다.

배당받는 임차인이 명도확인서 언제 주든 상관없으니 거액의 이사비를 요구하고 있다면 어떻게 해야 하죠?

😊 배당금은 배당기일에 맞춰 배당받지 않더라도 추후에 명도확인서가 있으면 배당을 수 있으니 임차인 입장에서는 거액의 이사비를 요구하며 시간이 지나면 지날수록 대출이자를 감당하며 기회비용면에서 마이너스가 되어가는 낙찰자의 심리를 악이용하고자 할 수 있습니다. 이러한 경우에는 임차인에게 내용증명을 통해 '잔금 납부시점부터 해당 물건을 임대해 주었더라면 받을 수 있었던 임대수익(기회비용)을 배당받으실 수 있는 보증금을 압류하여 낙찰자가 직접 배당받겠다' 라는 내용으로 보내주고 그래도 답이 없을 시에는 임차인의 배당받을 수 있는 금액을 압류하여 배당받고 강제집행을 신청하는 방법이 있습니다.

상가낙찰 후 상가를 운영하던 임차인이 자신이 한 시설들을 모두 떼어가겠다고 하는데 낙찰자인 제가 막을 수는 없는 건가요?

😊 임차인 주장의 시설 적치물이 감정평가에 영향을 미치고 감정평가금액에 포함되었다면 이는 낙찰인 소유입니다. 이에 대한 증명의 책임은 이를 주장하는 임차인에게 있고 훼손하는 경우 민/형사상의 책임이 있습니다. 물론 감정평가에 포함되지 않는 시설들로써 임차인의 소유라고 하더라도 떼어가는데 있어서 파손이 생겼다면 민사상 손해배상의 의무가 있습니다. 현재와 같은 경우에서는 미리 내용증명을 통하여 훼손되었을 시 발생할 수 있는 사항들을 정리하여 정중히 보내는 것이 좋습니다.

Secret 6

경매 현실감각 익히기

1

부동산 경매보다
공매가 좋은 이유 9가지

1. 안전하다.

자산관리공사 소유 부동산의 장점은 종전 권리가 모두 말소된 상태라는 것이다. 법원경매를 통해 자산관리공사가 낙찰받은 후, 종전 권리관계를 청산시킨 상태에서 매물로 나오기 때문이다. 따라서 매물의 권리하자를 자산관리공사가 책임진다는 점에서 법원경매는 물론이고 중개시장보다 안전한 시장이다.

2. 대금 지불 조건이 유리하다.

대금 납부 기한과 납부방법을 매수자가 선택할 수 있을 뿐만 아니라 최장 3년까지 분할 납부가 가능하다. 특히 계약을 체결한 상태에서도 계약기간의 연장이 최장 5년까지 가능하다. 단, 기간 연장 시에는 일정한 이자를 지불해야 한다.

3. 대금 납부 전이라도 사용이 가능하다.

중개시장이나 법원경매는 잔금을 완납한 후, 매수자가 사용할 수 있는 것이 원칙이다. 그러나 자산관리공사 인수자산은 매매 대금의 1/2 이상을 납부하는 경우 점유사용을 승낙한다. 사실상 재산권 행사가 이때부터 가능하다. 특히 매물 중 기계기구의 수리비가 매매 잔금의 1/3 이상 필요한 경우, 이를 매수자가 직접 수리하여 점유 사용하겠다는 의사표명을 하면 매매 대금의 1/3을 선납하지 않은 상태에서도 사용이 가능하다.

4. 대금의 1/2 납부 상태에서 등기이전을 해준다.

자산관리공사 공매의 가장 큰 장점은 대금 완납 전에 등기이전이 된다는 점이다. 매수자가 대금의 1/2 이상을 납부한 상태에서 소유권 이전을 청구하면 자산관리공사는 매물에 근저당권을 설정한 후, 소유권이전을 해준다. 또한 계약 체결 후 예금적금증서 또는 은행지급 보증서나 국공채, 금융채, 지급계약 보증보험 증권 등을 제출하면 대금 납부 전이라도 소유권 이전이 가능하다.

5. 대금 완납 전에 매수자 변경이 가능하다.

분할 납부하면서 중도금의 선납 등 자산관리공사에서 제시하는 일정한 조건을 이행하면 잔금 납부 중에라도 매수자 변경이 가능하며, 이때 변경은 원매수자의 등기 절차 필요 없이 새로운 매수자로 등기 이전된다.

6. 수의계약이 가능하다.

법원경매는 유찰되었을 때 지정된 다음 입찰 기일에만 매수할 수 있다. 그러나 자산관리공사 인수자산은 유찰상태에서 다음 공매 집행일 전까지 수의계약이 가능하다. 따라서 매물이 유찰되었는지 파악한 후 자산관리공사를 찾아가 수의계약을 하면 된다. 특히 물건의 연고자(채권자, 임차인 등)이거나 자산관리공사가 법원 경매에서 낙찰받았을 때 그 물건에 응찰했던 사람, 기계기구의 가격이 대금의 50% 이상일 때는 공매가 진행되기 전이라도 수의계약이 가능하다.

7. 명도책임은 자산관리공사에게 있다.

대부분의 자산관리공사 인수자산은 임차인 및 종전 소유자의 명도 문제를 자산관리공사가 책임지므로 법원경매와 같이 별도의 명도집행비용 및 기간을 매수자가 부담할 필요가 없다.

8. 매각 전까지 임대하여 사용할 수 있다.

매각되지 않은 자산관리공사 매물은 매각될 때까지 임차하여 사용할 수 있다. 자산관리공사가 임대인 자격이지만, 매각하기 위해 한시

적으로 보유하고 있는 만큼 매각되면 새로운 매입자와 임대차 계약을 다시 하거나 점유이전을 해주어야 한다. 임차인에게 불리한 물건인 만큼 임차금액 및 조건은 임차인이 직접 제시할 수 있다.

9. 자유롭게 공신력 있는 상담을 받을 수 있다.

자산관리공사 내 매물 전시장에는 상담요원이 상근하고 있으며, 매각 물건에 대한 세부평가 내용을 즉시 열람, 복사할 수 있다. 그래서 법원경매와 같이 무자격·무능력 브로커가 활보하지 않는다.

단, 치명적인 단점은 압류재산 공매물건은 명도를 보장받지 못한다는 것이다. 자산관리공사가 맡는 공매물건이 아닌 국가, 지방자치단체, 세무서 등이 체납된 세금을 받아내기 위해 국세징수법에 의해 압류한 재산의 경우에는 한국자산관리공사에 매각을 의뢰해 조세채권을 회수·환가하는 강제집행 절차를 밟게 된다. 이러한 공매물건을 낙찰받았을 시에는 경매 명도절차와 같이 법원이 점유자에게 인도명령결정문을 송달하고 그것을 집행권으로 하여 강제집행을 할 수 있는 것이 아닌 낙찰자 스스로 명도를 해야 하는 것이다. 만약 협상이 되지 않는다면 안타깝게도 소송을 준비해야 하는 치명적인 단점이 있으니 이 부분은 꼭 유의해야 한다.

제때 받는 것보다
제때 파는 것이 더 중요하다

경매에 있어서 가장 중요한 것은 권리분석이고, 그 다음이 명도를 해결하는 시간과 비용의 크기다.

> **경매의 3대 실행요소**
> 지식, 자금의 보유, 입찰실행의 결단
>
> **경매의 3대 성패조건**
> 원하는 가격으로 입찰 성공, 신속한 명도, 경매받은 물건을 제때 처분하는 것

성패의 중심축에는 환금성(換金性)이 있다. 경매의 목적은 수익이기 때문에 입찰·명도 이상으로 물건의 환금성이 중요하다. 아무리 잘 샀어도 제때 팔지 못하면 피가 마를 수밖에 없다. 매달 감당하기 어려운 잔금대출은 심신을 피폐하게 만들 뿐이다. 단지 내 집 마련이나 장

기투자가 아니라면, 제때 처분되어 투자금이 회수되어야 한다.

그래야 살림살이에 보태 다시 경매를 할 수 있다. 좋은 물건을 발견했음에도 자금이 묶여 안타까운 경우를 많이 경험한다. 임대수익의 목적이 아닌 경우, 수익률은 물건이 팔리는 것을 전제로 논하는 개념이다. 그런데 물건이 제때 팔리지 않는다면 경매준비에서 명도에 이르기까지의 많은 고생은 결국 아무 의미도 없어지게 된다. 결국 장기투자가 아니라면 물건선택 시부터 환금성을 구체적으로 검토해야 한다. 사정이 여의치 않으면, 재배팅을 위해서는 급매물 값으로라도 과감히 던져야 한다.

물건 그 자체의 환금성도 중요하지만, 환금할 때 내가 어떻게 대처하느냐도 중요하다. 즉, 환금성이 좀 떨어지는 물건은 내 능력으로 그 흠을 최소화시켜야 한다. 이것은 경매인으로서의 능력이자 동시에 직무이다. 물론, 우선은 제때 팔릴 수 있는 물건을 선정해야 한다. 매매가 안 되면 일단 전세로 돈을 빼고, 또 전세 들어온 사람에게 팔 수도 있다.

보통 중개업소에 내놓아 환금을 하게 되는데, 경매로 받은 물건은 중개업소에서 싸게 거래하려는 경향이 있어 이를 경계해야 한다. 따라서 경매물건인 점과 경락가를 중개업소가 가능한 한 모르게 하여 매물로 나갈 수 있도록 하는 방안을 고민해야 한다. 경매로 받은 물건은 중개업소가 급매가로 넘기자며 억지를 부리거나 유혹하는 경우도 더러 있다. 환금이 급하면, 중개업자에게 맡기는 것이 최상의 방법이다. 최대한 많은 중개업소에 매물로 내놓고 중개업자들이 편하게 매수인이나 임차인을 안내할 수 있도록 번호키를 다는 것도 하나의 좋은 요령이다.

중개업소를 통하지 않은 직거래 시장도 있다. 현재 인터넷에 지속적으로 개설되고 있고, 매우 활발하게 거래가 되고 있는 사이트들이 있다.

⑩ 피터팬의 좋은 방 구하기, 중고나라(네이버 카페)

소도시나 군단위의 지역이라면 직접 벽보를 붙이는 등의 방법도 있다. 상상력을 잘 발휘하면 직거래 길도 있을 것이니 꼭 살피기를 바란다.

입찰보증금 없이
경매입찰하기

경매에 참여하여 응찰하고자 하는 계획을 가진 사람이라면, 특별매 각조건이 아니고서는 최저매각가격의 10%를 입찰보증금으로 준비해 야 한다. 경매 참여자 대부분은 입찰보증금을 수표 등 현금으로 준비 한다. 그러나 가끔 보증금을 확보하지 못해 발을 동동 구르는 경우를 본다. 여기저기 지인에게 아쉬운 소리를 하거나 아니면 적금통장을 만지작거린다. 이럴 때 보증금 없이도 경매에 참여할 수 있는 방법이 바로 경매보증보험을 활용하는 것이다.

보험가입 절차는 간단하다. 신용불량자가 아니면 누구나 가입할 수 있다. 본인 확인이 가능한 신분증과 경매사건번호, 물건종류, 최저매 각가격 등을 기재한 정보지 사본을 갖고 가까이 있는 서울보증보험회 사를 방문하면 된다. 보험료는 아래와 같이 입찰보증금에 물건종류에 따른 기본요율을 곱한 금액이다. 예를 들어 최저매각가격이 2억 원인 아파트 경매에 참여할 경우 입찰보증금은 2,000만 원이 필요하다.

보험료 = 입찰보증금×기본요율

이렇게 경매보증보험을 이용하면 입찰보증금 2,000만 원에 아파트 기본요율 0.5%를 곱한 값인 10만 원을 보험사에 내면 2,000만 원짜리 입찰보증서를 발급받는다. 보증보험을 이용하면 잔금을 납부하는 방법이 달라진다.

보험요율	구분	기본요율
입찰 담보용	아파트	0.5%
	다세대	1.0%
	연립빌라	
	단독주택	
	근린주택	
	상가	1.8%
	오피스텔	
	숙박시설	
	빌딩	
	공장	
	주상복합건물	
	기타건물(주유소, 축사, 창고, 건물, 연구소 등)	
	대지, 임야, 잡종지, 과수원, 전, 답, 목장용지, 염전	2.9%
	기타토지	
	종교시설, 학교시설	
	공공시설	
	광업권, 어업권	

일반참여를 하는 경우와 보증보험으로 경매입찰을 하는 경우 2가지로 나누어 정리하면 이렇다.

1. 일반참여

매각기일에 최저매각가격(최저입찰가)의 10%를 보증금으로 납부하고 잔금 납부일에 매수가격에서 보증금을 공제한 차액을 납부한다. 예를 들어 최저매각가격이 1억 원이고 매각가가 1억 2,000만 원이면 매각기일에 1,000만 원을 준비하고 잔금 납부일에 1억 1,000만 원을 낸다.

2. 보증보험으로 경매입찰을 참여하는 경우

매각기일에 보험증권을 납부하고 잔금 납부일에 매수가격 전액을 납부한다. 최저매각가격이 1억 원이고 매각가가 1억 2,000만 원 인 경우, 보험증권으로 참여했다면 잔금 납부일에 1억 2,000만 원 전액을 납부하면 된다.

보험료를 돌려받는 경우

아래 사유로 보험료의 환급을 요청하면 다음과 같이 납입보험료에서 최저보험료(15,000원)을 공제한 후 돌려준다.

> **환급보험료** = 납입보험료 − 최저보험료

환급가능사유

1. 매각기일 전-보험증권을 발급받고 매각기일 전에 보험회사에 환급을 요청하는 경우 보험회사는 최저보험료를 공제한 후 보험료를 돌려준다.

2. 매각기일 이후-매각기일 이후에는 증권 뒷면의 법원확인란에 경매계장의 확인을 받아 제출하면 최저보험료를 공제한 후 보험료를 환급받을 수 있다.

3. 경매가 취하·변경된 경우-최저보험료 공제 후 돌려받는다.

4. 입찰에 참여한 경우-입찰에 참여하면 낙찰여부에 관계없이 이미 보험증권을 사용했으므로 보험료를 돌려받지 못한다.

대금 납부를 하지 않을 경우

행여 그런 일이 있으면 절대 안 되겠지만 매수인이 대급지급 기한일까지 매각대금을 납부하지 않으면 집행법원에서는 보험회사에 보증금을 대신 납부하라고 명령한다. 그러면 보험회사는 매수인을 대신해 입찰보증금을 납부하고, 매수인에게 구상권을 행사하는 등 법적조치를 취한다.

양심 파는 경매컨설팅회사 피해 가는 법

　경매초보자 분들이 경매 실전경험을 처음 접할 때 컨설팅회사에 의뢰하여 한번 정도는 간접경험을 하는 경우가 이제는 일반화되었다. 또한 시간이 아쉬워 지속적으로 컨설팅 의뢰를 하여 자신의 삶의 균형을 유지하는 가치를 택하는 분들과 고난이도 경매물건에 대한 명도 부분을 해결할 능력이 부족하여 컨설팅회사에 많이 의뢰를 하기도 한다. 그렇다면 나에게도 컨설팅회사에 의뢰를 하게 될 수도 있는 날이 올 수 있기 때문에 이 책에서 필자는 비양심적으로 컨설팅을 하는 업체들의 공통점을 꼭 짚고 넘어가려 한다.

　필자가 경매컨설팅회사를 경영하고 있는 이유 중 첫 번째 이유는 비양심적인 회사들로 인하여 컨설팅시장이 위태해지는 것을 막기 위해서였다. 국내 경매컨설팅회사 중 브랜드파워를 제대로 갖추고 있는 회사가 존재하지 않는 이유는 분명하다. 부동산이라는 것은 한 번의 컨설팅만으로도 일반 직장인의 하루 일당과는 비교도 할 수 없이 크기 때문에 양심을 팔아서라도 수익을 올리는데 급급한 것이다. 고객의 안전과 수익을 고려하지 않은 업체들의 공통점은 다음과 같다.

1. 무조건 '반값경매' 최저가보다 조금 더 쓰면 된다?

만약 컨설팅회사의 사이트에 들어갔는데, 아파트 '반값경매'라는 배너가 번쩍번쩍 돌고 있다면 이 회사는 이미 회원들을 기만한 것이다. 현재 대한민국에 반값경매 아파트는 존재하지 않는다(극소수 제외). 대지권이 없는 아파트, 낙찰 뒤에 선순위전세권자의 보증금을 인수해야 하는 물건의 경우 등은 반값에 낙찰받았다고 하더라도 실제로 보면 반값이 아닌 불량 아파트다.

이러한 회사들의 공통적인 특징은 회원을 가입한 뒤에 전화가 담당컨설턴트라는 소개로 전화가 온 뒤 언제든지 경매물건 검색을 하다가 궁금한 점이 있으면 연락을 달라고 한다. 여기까지는 지극히 정상적인 모습니다.

하지만 그 담당컨설턴트에게 시세대비 64%까지 최저가가 떨어져 많은 사람들의 관심과 주목을 받고 있는 경매물건을 보여주며 얼마 정도에 낙찰이 될 것 같은지 물어보면 이렇게 말할 것이다.

"시세보다 조금 더 올려 쓰면 됩니다. 좋은 물건인데요?"

이때 당신은 눈치 채야 한다. 이 컨설턴트는 돈에 눈이 멀었다. 현장조사와 분석이 안 된 상태에서 예상낙찰가를 이야기했다면 이미 양심을 판 것이다. 이러한 부류의 회사 컨설턴트들은 열이면 열, 경매 입찰장에서 갑자기 말을 바꾼다. 예상낙찰가를 끌어올리기 위해 온갖 멘트를 다 날린다.

최저가 64%에서 조금만 더 올려 적으면 된다고 했던 1~2%도 아니고, 감정가 대비 85%를 적어 내야 한다며 합리화를 시킨다. 화려한 말재주 앞에 마취가 되어 응찰가를 적어내어 입찰 전 계획했던 자산관리의 범위를 벗어나 실패하고, 예상치 못하게 대출을 많이 받아 대출이자에 시달리다가 눈물을 머금고 되파는 경우가 비일비재하게 생긴다. 꼭 참고하기 바란다.

2. 개나 소나 경매전문가

가장 큰 문제 중의 한 가지는 컨설팅회사에 입사지원서를 내면 대부분의 회사에서 자격사항 상관없이 합격된다는 점이다. 경매에 관해서는 문외한이라고 하더라도 동영상 교육과 우수직원강의를 1주일간 들은 뒤 컨설턴트라는 직급을 달고 컨설팅영업을 시작한다. 더 큰 문제는 만약 뛰어난 영업력으로 낙찰이 되었다고 했을 때, 신입 담당자가 책과 인터넷을 뒤져 보며 명도를 하기 시작한다. 이게 대부분 컨설팅회사의 직원들의 실체이다. 중수급 정도 되는 실력자는 매우 일부다.

기획부동산에서 거창한 말로 영업하는 영업사원이 오히려 나은 이유는 그나마 전문가들이 만들어 놓은 토지를 분양시키는 업무를 보는 것이기 때문에 회사의 전문성이 뒷받침이라도 되어 있다. 물론 아닌 경우도 많다.

경험과 지식이 없는 컨설턴트는 명도하는 과정에서 명도 이사비용 150만 원이면 협상이 가능한 것도 500만 원에 협상하여 고객에게 협상을 했으니 500만 원에 달하는 수수료를 요구한다. 이렇다면 차라리 본인이 직접 하는 게 낫다.

전문성 없는 회사를 피해가는 3가지 방법

1. 상담 시 마치 책 속에서 보았던 경매 용어를 물어보았을 때 대답하지 못하거나 대답을 하였다면 실제 내용과 맞는지 확인해보길 바란다. 경매컨설턴트가 수많은 판례 중 한 가지는 기억하지 못할 수도 있어도 용어 부분에서 막힌다면 그 사람은 자격이 없다.

2. 무조건 가능하다며 어떠한 논리적 이유나 가이드라인에 대한 제시도 없이 '수임계약'을 단순 무식으로 요구한다.

3. 컨설턴트라면 최소한 특수한 경우가 생겼을 때의 기본적인 해법은 알고 있어야 한다. 담당컨설턴트라며 친근히 다가올 때 '특수한 권리'가 있는 경매물건을 찍어 이런 물건은 어떻게 풀어나가는 건지 물어보길 바란다. 만약 쩔쩔매며 몰라서 버벅거린다는 느낌이 든다면 그 사람은 전문가가 아니다. 다른 전문가를 찾아보길 권한다.

하수와 고수의
생각 차이

지난 시간동안 심장에 열이 차도록 경매재테크시장에서 달리는 동안 보고 느꼈던 하수와 고수의 가치관 차이가 있다.

하수		고수
경쟁률이 치열한 물건을 아주 근소한 차로 낙찰받았을 때 짜릿함을 느낀다.		경쟁이 적은 물건을 소신대로 써서 낙찰받은 후 회심의 미소를 짓는다.
시장이 살아 있는 종목이면 뭐든 뛰어든다.		자신의 전공(1~2가지)을 살린다. 모든 종목의 선수라고 자랑하는 업자가 있다면 저는 경매초보자라고 감히 이야기하고 싶다.

입찰 보증금을 한 번도 떼어보지 않았다고 자랑한다.	**3**	숱한 실수와 입찰보증금의 증발을 통해 노하우를 키워 왔다.
자신이 보유한 현금범위에서 투자를 한다.	**4**	대출 금액을 함께 고려하여 투자 대상을 넓힌다.
나쁜 대출-1억 원의 여유자금이 있는데, 2억 원 물건에 투자해 부족한 1억 원을 대출	**5**	좋은 대출-1억 원의 여유자금이 있는데, 5,000만 원을 투자하고 수익률 극대화를 위해 5,000만 원을 대출
양도소득세를 먼저 고민한다.	**6**	선수는 양도차익이 실현될 수 있는 방법부터 고민을 한다.
잔금시기가 다가오면 명도를 고민한다.	**7**	물건을 선별할 때부터 명도문제를 구상한다. 입찰부터 잔금까지는 개인의 준비성에 달려 있지만, 명도는 상대방이 있는 본격적인 시합이기 때문이다.

낙찰받은 것만으로는
소유자 안 돼

많은 분들이 좋은 물건이 있으면 응찰을 결심하고 불특정 다수와 경쟁 입찰을 한다. 그러나 막상 낙찰을 받은 뒤에 얼굴이 빨개지면서 더 긴장을 하는 분들을 종종 본다. 그런 분들 열에 아홉은 초보자다.

경매를 어느 정도 해본 사람은 낙찰을 받아도 첫 번째 관문을 넘었다고 생각할 뿐이다. 이유는 낙찰로 끝나지 않는다는 것을 잘 알고 있고, 낙찰받고도 물거품이 되었던 기억이 떠오르기 때문이다. 왜 낙찰로 끝이 나지 않을까? 법의 입장은 이렇다.

'아무리 합법적인 절차를 통해 결정하고 진행을 한다고 하더라도 남의 자산을 강제로 매각하는 것이기 때문에 신중에 신중을 기해야 한다.'

그러다보니 낙찰을 받고 잔금납부통지서가 날아와 낙찰자가 잔금을 납부하기 전까지 크게 세 번의 고비가 있다.

첫 번째, 이의신청

낙찰을 받고 1주일 간 매각허가를 해줄지 말지를 결정하는 기간이다. 이때 누군가 "이 물건을 이대로 진행시켜 낙찰자가 소유자가 되는데 이의 있습니다. 허가를 내주면 안 됩니다"라고 이의신청서를 넣으면 그 부분을 검토해보고 매각불허가 결정을 내버릴 수 있다. 그럼 낙찰자인 나는 '새'가 되고 마는 것인가?

이의신청을 하는 이유 95%가 시간을 벌기 위해서다. 이의신청을 하면 그 말이 맞든 틀리든 평균적으로 한 달간 더 이상 절차가 진행되지 않는다.

이의신청을 한 사람이 만약 현 경매물건의 소유자(채무자)라면 시간을 벌어서 채무금액을 갚아버리고 취하시키려는 목적일 때가 많다. 혹은 아파트라면 한 달이라도 더 살아보겠다는 마음으로 진행을 지연시킨다.

고수가 이의신청을 할 때도 있는데 이것은 자신이 작업하던 물건을 낙찰받지 못했을 때다. 낙찰불허가 사유를 찾아내 불허가를 받기 위한 목적이 있다.

두 번째, 항고

매각허가가 나면 원칙적으로는 낙찰자가 잔금 납부를 해야 하는 것이 맞다. 하지만 남의 자산인 만큼 신중에 신중을 기하기 위해 한 번의 절차를 더 밟는다. 허가가 난 뒤로부터 또 일주일간의 항고기간이 주어진다.

항고는 "매각 허가 후 이대로 확정하는데 불만 있는 사람 있으면 나와 봐!"라고 하는 것이다. 이때 즉시항고장이 제출되면 상황은 뒤집어질 수 있다. 하지만 항고를 하려면 돈이 좀 들어간다. 판사가 단서를 붙이기 때문이다.

"항고해. 대신 이번에는 낙찰자가 낙찰받은 금액의 10%를 법원에 내고 의견을 말해봐. 만약 니 말이 틀리면 항고보증금으로 낸 10%는 돌려주지 않을 거야. 자신 있으면 해!"

그럼에도 불구하고 의외로 많이 접수가 된다. 항고보증금은 내지 않고 항고장부터 제출하면 일단 10일간 경매절차를 정지시켜 놓을 수 있기 때문이다.

그리고 10일 뒤 항고보증금이 입금되지 않으면 법원은 '보정명령'을 항고신청자에게 송달한다. 돈 내라고 또 일주일의 시간을 주는 것이다. 결국 17일의 시간을 벌 수 있는 것이다. 반대로 낙찰자 입장에서는 17일이 지연되는 것이다.

세 번째, 경매취소신청

이건 정말 마지막 카드다. 항고기간 때 즉시항고를 하지 않고 매각 확정이 되었다고 하더라도 최종 카드인 경매취소신청을 통해 엎어버릴 수 있다. 다만 이건 정말 흔치 않기에 패스!

결국 첫 번째 이의신청과 두 번째 즉시항고 기간 동안 낙찰자의 피가 마르거나, 낙찰이 물거품 될 수 있다.

네 번째, 취하

절차상 조용히 잘 지나갔는데도 물거품이 될 수 있다. 바로 낙찰자가 잔금 납부하기 전에 현 채무자의 채무금액이 변제되는 경우다. 경매 자체가 취하되어 버린다. 물론 강제경매사건인 경우에는 낙찰자의 취하동의서가 필요하지만, 임의경매인 경우는 채무자가 임의 채무를 변제하고 취하시켜 버릴 수 있다. 그래서 이런 수많은 경험을 해본 사람들은 낙찰 당일 축배를 들지 않는다. 시기상조라는 것을 알고 있기 때문에!

예를 들어 감정가 3억짜리 토지 입찰에 참여했다. 2억 5000만 원을 적었지만 2등으로 패찰했고, 3억 5000만 원을 적어낸 이가 낙찰을 받았다. 이때 많은 사람들이 감정가보다 높게 적어낸 사람을 보며 '승자의 저주(너무 높게 써서 이겨도 이긴 것이 아니라는 의미)'라고 생각하는데, 그게 꼭 맞는 말은 아니다. 잘 생각해보자.

　　감정평가금액은 신뢰할 수 없다. 여기서 신뢰할 수 없다는 것은 철저히 현장에서 거래되는 현재 시세와 다른 경우가 많다는 의미다. 그 전제하에 2등은 감정평가금액 3억보다 낮게 2억 5000만 원을 적었고, 1등은 감정평가 금액보다 5000만 원을 더 썼다. 이것은 무엇을 의미하는가? 여기서 핵심은 '감정평가금액은 시세가 아니다'라는 점이다. 이런 상황을 두고 어떤 사람은 이렇게 말할 수도 있을 것이다.

"2등보다 너무 높게 적어서 그만큼 기회수익을 날려버렸다."

하지만 이것조차 말이 안 된다. 동종·유사 물건이 많고 차이가 많지 않은 대단지 아파트의 한 호수 경매물건이라면 팔릴 수 있는 시세의 폭은 상당히 뚜렷하기 때문에 쓸 수 있는 한계선이 거의 분명하다. 과거 낙찰가 데이터를 보고 적용하여 판단하기 때문에 2등과 차이가 나더라도 그리 큰 금액의 차이가 나지 않는다.

하지만 토지는 그 토지를 어떻게 활용할 것인가에 따라서 완전히 달라질 수 있고. 농지전용으로 네모반듯하게 기획되어 있는 토지들 중 일부라면 시세가 뚜렷하지만 대부분 토지시세는 기준은 있더라도 천차만별이다.

결국 2억 5000만 원을 쓴 2등 입찰자는 그 나름대로의 활용 계획이 있었던 것이고, 낙찰자는 그 나름대로의 활용 계획이 있었던 것뿐이다. 그 누구도 자신의 돈을 치밀한 계획 없이 내지르지 않는다.

그래서 '고수들은 2등과 얼마나 차이가 났는가?'에 대해 신경 쓰지 않는다. 자신의 목표를 이루기 위해 결정한 투자금(입찰가)으로 낙찰되면 좋은 것이고 안 되면 할 수 없는 것이다.

반드시 기억하라! 남 신경 쓰지 말고 내가 계획한 수익과 가이드라인에 문제가 없도록 입찰하고, 패찰을 하더라도 혹은 상대적으로 너무 높은 금액을 썼더라도 평점심을 유지해야 한다.

압류재산 공매물건은 초보자가 도전하지 않는 것이 좋을까요?

😊 현실적으로 그렇습니다. 압류재산 공매물건은 경매와 같이 법원이 명도를 도와주지 않기 때문에 실무능력이 부족하여 협상에 실패를 한다면 강제 집행이 아닌 명도소송을 하는데, 이에 따른 비용과 시간이 상당할 수 있습니다.

경매입찰보증보험 증서로 입찰보증금을 대신하는 것 무조건 되는 건가요?

☹️ 요즘과 같은 경우는 입찰보증금보험을 통해 보증금을 준비하여 허위입찰을 하며 경매제도를 악용하는 개인들이 많아 과거보다 조금 더 까다로워진 것은 사실입니다. 하지만 자신이 본인이 신용이 불량하거나 특별한 사유가 있지 않는다면 가능할 것입니다.

초보자는 어떤 경매물건부터 도전을 해볼까요?

😊 물론 각자가 삶을 살아오며 가장 자신있게 가치를 볼 수 있는 경매물건이 당연한 점이겠지만 마땅히 그렇지 않다면 환금성이 높은 소액경매물건이 좋습니다. 예를 들어 원룸오피스텔, 소형빌라, 소형아파트가 되겠습니다.

장기투자의 기준이 무엇인가요? 서민도 현실적으로 가능한가요?

😊 장기투자의 기준은 자신이 통제하고 관리하고 계획할 수 있는 안전한 범주 내에서 경매낙찰을 받아 시장의 시세변동추이에 따라 불안감에 사로잡혀 있는 것이 아닌 묵묵히 바라보다가 자신이 원했던 적정 수익률에 도달했을 때 뒤도 돌아보지 않고 매도를 하는 것이 장기투자자입니다. 결국 장기투자의 기준은 1년이 될 수도 있고, 3년이 될 수도 있고, 10년이 될 수도 있습니다. 또한 현실적으로 서민은 일반적 투자에서 장기투자를 할 수 있는 마음의 여유를 갖는다는 것이 쉽지 않은 것이 사실이기도 하지만 경매의 경우는 이미 거래되고 있는 시세보다 저평가되어 있는 것이 확실한 상태에서 입찰을 하기 때문에 다른 종목보다는 리스트가 적다고 볼 수 있습니다.

경매물건은 언제 가장 좋을까?

😊 경매물건은 매년 상반기에 우수하고 하반기에 들어서면서 우수한 물건이 상대적으로 많이 적어지는 경향이 있습니다.

11월과 12월에는 특히 경매법원 분위기에 휘말리지 말라는데요?

😊 대표적인 이유는 매년 11월 12월은 전국의 경매교육시설에서 단체로 실습을 나와 마치 각자가 진정한 입찰을 하러 온 것과 같이 실습을 하기 때문에 경매 응찰자들이 매우 붐비는 것처럼 착시를 일으킬 수 있습니다. 그렇기 때문에 더더욱 입찰 전 결심했던 응찰가를 바꾸는 경우가 있는데, 흔들리지 마시고 곧장 적어서 내시는 것이 현명할 때가 더욱 많습니다.

Secret 7
부자의
진짜 기준

부자란?

경매로 부자가 되겠다고 생각하는 사람들이 많다. 경매를 통해서든 주식을 통해서든 부자가 되고자 할 때 그저 막연히 부자가 되고자 하기보다는 진정으로 부자란 무엇인지 알고 가는 것이 중요하다.

만약 누군가가 당신에게 "부자의 기준이 무엇입니까?"라고 묻는다면 어떻게 대답을 하겠는가? "1억 정도 가진 사람"이라고 답한다면 소박한 사람이 될 것이고, 만약 "한 100억 정도 가진 사람"이라고 대답을 한다면 어쩌면 '와~ 통이 큰 사람이네~' 할지도 모른다.

하지만 그러나 누군가 한 "10억 정도 가진 사람"이라고 말을 한다면, 당신에게 그만한 돈이 있든 없든 섣불리 동의하기도 부정하기도 어려울 것이다. 만약 20억 원이라면 어떻겠는가? 20억이면 크루저를 타고 전 세계를 돌 수 있는 돈이다. 그럼 이 정도 자산을 가진 사람은

231

부자일까 아닐까?

이 질문을 금수저를 입에 물고 태어난 강남 사는 형님과 성남시 분당의 땅값 상승으로 하루 아침에 큰 부자가 된 형님께 물어보았더니 가소롭다는 웃음을 짓더라. 두 분은 아마도 최소 1,000억은 되어야 고개를 끄덕일 것이다. 지인 중 아버지로부터 서울특별시의 고층 아파트를 두 호수가 아니라 두 동을 선물 받은 형님이 있는데, 그 형님의 아버지께 부자의 기준을 물어보면 어쩌면 단위조차 헤아리기 힘든 상상초월의 금액을 부자의 기준으로 제시할지도 모른다.

그렇다면 부자란 어떤 사람들일까? 그들은 철학적으로가 아니라, 경제적으로도 부를 더 이상 늘리고자 하는 욕망 혹은 욕구가 없는 사람을 말한다. 더 이상 부를 필요로 하지 않을 때 비로소 부자라고 할 수 있는 것이다. 부자란, 기본적으로 자산의 부를 지키고 상속하는데 관심이 있을 뿐 더 이상 부를 늘려야 할 이유가 없는 사람이라는 정의가 맞을 것 같다.

그런 관점에서 재벌그룹 회장님은 부자가 아닐 수도 있지만, 천장에서 비가 새는 옥탑방에 살아도 '1억을 모으자'라는 목표를 이룬 뒤 퇴근길에 빠칭코를 한 번씩 하는 게 행복한 사람이라면 부자일 수 있다.

결국 부자는 부를 늘리는 데 더 이상 관심이 없는 사람이다. 그래서 지금도 여전히 많은 돈을 벌고 있지만 한 해에 수억 달러를 사회에 기부하는 빌 게이츠는 진짜 부자일 수 있지만, 그에 못지않은 부를 아들에게 물려주기 위해 사회공헌에 인색하고 어떻게 하면 부를 더 축척할 수 있는지에만 몰두하는 부자는 부자가 아닌 것이다.

이런 관점에서 보면 당신은 부자인가? 당신은 현재의 호주머니 사정에 만족하고 더 이상의 부가 필요하지 않는가? 당신은 현재 부를 늘리기보다 지키고 물려주는 것에 관심이 있는가? 만약 여기서 "예"라고 대답했다면 더 이상 재테크 서적을 읽을 필요가 없고, '족집게 부동산 강좌' 등에 기웃거릴 필요도 없다.

그러나 대부분의 사람은 이 질문에 "예"라고 답하지 않을 것이다. 그렇다면 "아니요"라고 답하는 당신은 무엇이 부족한가? 부족한 그것이 혹시 돈이나 부동산 같은 것이라면 당신은 과연 얼마나 더 벌고 더 모아야 "예"라고 대답할 수 있을까? 돈은 그저 많으면 많을수록 좋은 것인가?

한 번쯤 진지하게 고민해보고 자신이 도달해야 할 거리와 만족하고 살 수 있는 부자의 범위가 어디까지인지 나 자신에게 물어보길 바란다. 그렇지 않는다면 죽을 때까지 부자가 되기 위해서 살다가 생을 마감할 수도 있다.

더 노골적으로 이야기하면 죽을 때 돈이라는 거대한 시스템에 갇힌 노예가 되어버릴 수도 있다. 애완견을 목줄에 채워 산책을 하고 돌아오는 과정에서 어쩌면 개는 자신이 주인을 이끌어 가고 있다고 생각할 지도 모른다. 사실 개는 주인을 앞서거니 뒷서거니 했지만, 결국 지나고 보면 주인이 이끄는 대로 목줄이 채워진 채 출발부터 도착까지

이끌려 왔을 뿐인데 말이다.

돈의 노예가 되면 결국 목줄이 채워진 개와 같은 삶이 되어버릴 수도 있기 때문에 부자에 대한 꿈에 대해서 진지하게 생각하고 정리해두지 않는다면 황혼의 문턱에서 돌이킬 수 없는 시간들 속에 남는 것이 없을 수도 있다.

하나밖에 없는 내 삶,
행복한 부자

대한민국은 자유국가라고 한다. 하지만 냉정히 말하면 '소비의 자유'만 있을 뿐이다. 거지들이 자유로워 보이는가? 그들은 최소한의 자유도 없는 삶을 살고 있다.

또한 1000만 원을 갖고 있는 사람과 20억을 갖고 있는 사람이 꿈을 꿀 수 있는 크기는 완전히 다르다. 1000만 원을 가진 사람이 어디까지 여행을 할 수 있을까? 반대로 20억이 있는 사람이라면? 앞서 말한 대로 크루저를 타고 전 세계를 돌 수 있다.

결국 돈은 소유의 개념보다는 수단의 가치로써 중요한 것이다. 여기서 포인트는 '소유'가 아니라 '수단'이라는 점이다. '돈은 수단이다'라는 전제로 부자의 꿈을 다시 한번 생각해보자. 행복한 부자란, 이성이 아닌 감정을 살리는 일들을 많이 하며 살 수 있을 만큼, 즉 수단으

235

로써의 돈을 목표로 하고 그것을 이룬 사람이다.

인간은 이성이 아닌 감정이 살아 있는 순간들이 많을수록 행복하다. 지난날을 돌아보자. 지나간 시간 속에 내 기억으로 자리 잡은 추억이나, 내 삶의 한 컷 한 컷들로 기억나는 시간 모두 감정이 살아 있는 순간들이다. 그것이 분노든, 행복이든, 감격이든 말이다.

그래서 우리는 여행을 즐긴다. 여행을 하는 이유는 감정을 되살리기 위해서다. 감정이 없으면 삶이 메마르기 마련이다. 결혼 20년 차 부부가 결혼생활을 돌아보면 달콤했던 신혼 외에는 딱히 기억나는 것이 없는 경우가 많다. 이유는 단순하다. 감정이 살아있을 때가 신혼을 제외하고는 많지 않았기 때문이다.

즉, 내 감정이 살아있는 상태가 많이 있으면 있을수록 죽을 때 삶이 풍성하게 가득 찰 것이고, '잘 살았다'라는 만족감을 느낄 수 있을 것이다. 그러니 부디 어리석은 '부자의 꿈'이라는 덫에 빠져 스스로의 삶을 건조하게 하지 않았으면 좋겠다.

우리가 소중하게 생각하고 아끼고 사랑하는 것들을 보면 '죽어가는 것'들이다. 더 오래 사는 것이 오래 살지 못하는 것들을 돌보는 법이기도 하다.

우리는 왜 조화가 아닌 생화를 사랑하는가? 조화는 죽지 않는 영원한 것이고 생화는 지기 때문이다. 우리는 왜 봄이 되면 벚꽃을 보러 가는가? 곧 지니까. 우리는 왜 애완동물을 아끼고 사랑하는가? 단순히 일차원적으로 귀엽고 예뻐서? 아니다. 나보다 먼저 죽기 때문이다.

왜 나 자신을 사랑하는가? 나조차도 죽기 때문이다. 그래서 성숙한 사람일수록 죽어가는 것을 사랑하고, 어리석은 사람일수록 영원한 것을 사랑한다.

아니나 다를까 이제 막 연애를 시작하는 연인들을 보면 바닷가에서 두 손 꼭 잡고 약속을 한다.

"우리 영원히 사랑하자!"

사랑이 영원하지 않고, 시간이 지나면 그 감정도 둘 사이에서 소멸하고 변해가기 때문에 지금 이 감정이 소중한 것이다. 둘 사이의 약속대로 사랑이 영원한 것이라면 굳이 결혼이라는 제도를 통해 성기에 대한 배타적 소유권을 권리로 주고받는 일이나, 혼인신고와 권리를 침해받거나 어기면 발생하는 위자료 등도 존재하지 않을 것이다. 이렇게 우리는 어른이 될수록 원하든 원하지 않든 영원하지 않은 것을 사랑하고 소멸하는 것을 사랑하게 된다.

그런데 말이다. 돈이나 황금이 여러분보다 오래 산다.

땅이 여러분보다 오래 산다.

우리가 못 갖는 것이다.

가질 수 없는 것이다.

상상해보자. 애완견이 내 집에 들어와서 "여긴 내 집이야. 내 거야!" 하는 게 이해가 되는가? '곧 죽을 녀석이 어디서~'라는 생각이 든다.

내가 이 땅을 샀으니까 내 것이라고? 황금이 내 손에 있으니 이 황금은 내 것이라고? 아니다. 내 것이 아닌 것이다.

그러니 너무 돈에 집착하며 살 필요가 없다. 내가 그린 삶(영원하지 않은 것들을 사랑하고, 소멸하는 것들을 사랑하고, 나보다 먼저 죽는 것들을 사랑하고, 이성이 아니라 감정이 살아날 수 있는 경험을 많이 할 수 있는 삶)을 사는데 필요한 만큼을 목표로 하여 수단으로서 돈을 소유한다면 그 사람이 진짜 부자이지 않을까?

도전하라!
할 수 있다

경제적 부자가 되기 위한 요건은 무엇일까? 그리고 당신은 지금 무엇을 준비해야 하는가. 부자가 되기 위해서 신문의 경제면을 열심히 읽고 재테크 책을 보고 강연을 들으면서 구루들의 이야기에 귀를 기울이면 되는 것인가? 만약 그것이 정답이라고 생각한다면 당신은 영원히 경제적 부자 소리를 들을 수 없을 것이다.

사실 진짜 부자가 되는 사람은 스스로 부자가 되겠다는 의지가 없다는 것을 아는가? 부자가 된 사람들은 모두 자신의 영역에서 최고가 된 사람들이고 그 결과 부자가 되었을 뿐이다. 당신이 라면가게를 하든 족발가게를 하든 당신에게 주어진 가장 강력한 투자수단은 바로 당신이 몸담고 있는 영역이다.

인간은 한 가지 영역에 집중할 때 최선의 결과를 얻을 수 있다. 공항에서 구두를 닦는 사람의 손놀림을 본 적 있는가? 그는 손님을 모아오는 일과 구두를 배달하는 일에서 출발해 결국 구두를 닦는 일에서 만큼은 1등일 것이다. 그는 누구보다 구두를 잘 닦기 위해 구두약을 바르고, 불에 그을려보기도 하고, 뜨거운 물을 한 방울 묻혀도 보고, 입김을 불어보기도 했을 것이다. 경매재테크를 하더라도 이와 다를 것이 하나도 없다. 진정 경매고수가 되고 싶다면 이와 같은 과정을 겪어야 하며, 책은 방향을 잡아주고 모티브만을 제공할 뿐인 것이다.

특수물건과 같은 경우도 마찬가지이다. 경매물건을 두고 당신의 머릿속에서 재해석되는 과정이 굉장히 중요하다. 모든 사람이 무심코 지나는 태종대 자갈밭에서 수백만 원짜리 수석을 캐는 사람이 있다. 또 공원을 걷다가 이름 모를 들풀에 가슴 아파하는 사람은 그것을 잡초로 알고 스쳐가는 사람과는 완전히 다르다. 당신이 음악을 좋아한다면 길거리를 지나다가 들리는 모차르트의 선율에 가슴 저린 감동을 받을 테지만, 그 반대의 경우라면 소음일 뿐이다. 이와 같이 같은 사물을 보고 그것에서 아름다움을 발견하는 눈, 그것을 해석하고 교감하는 당신의 뇌는 자신에게 더 나은 발전을 요구한다.

지금 당신의 오감은 어떠한가? 단순화된 수단으로 세상을 보고 이해하고 있지는 않은가? 당신은 지금 호흡을 통해 들어오는 공기가 폐를 거쳐 동맥을 타고 손가락마디와 발끝까지 흐르는 기분을 느낄 수 있는가? 사물을 판단하고 이해하는 경로는 혹시 눈에 보이는 것과 귀에 들리는 것, 손에 만져지는 것이 전부 아닌가? 보이지 않는 것, 들리지 않는 것, 만져지지 않는 것들은 어떻게 해석하고 판단하는가?

바로 이것은 통찰력과도 직결이 된다. 보이지 않는 이면을 도대체 어떻게 통찰할 것인가? 온몸에 감각과 오감들이 살아있어야 한다. 우리는 너무 생략된 것들에 익숙해지지 못해 있기 때문에 투자에 있어서도 영감을 얻지 못한다.

누구나 영화를 즐기고 재미있다고 느낀다. 그 이유가 뭘까? 배우가 나와서 연기를 하고, 카메라는 돌고 있고, 배경이 있고, 음악까지 나온다. 상상할 필요가 없이 가만히 있으면 다 떠먹여 준다. 그러니 아무나 재미있다. 몸에 감각은 필요하지 않다.

그러다보니 사랑이라는 주제로 영화를 보면 감동을 할 수 있어도 같은 주제로 발레를 보면 30분이 지나면 절반이 잠을 잔다. 영화와 같은 배경도 없고 대사도 없이 한 여자가 나와 빙글빙글 돌면서 픽 쓰러지더니 그게 사랑이라고 하는데, 감각이 죽어 생략에 익숙하지 못한 사람이 어떻게 거기서 감동을 할 수 있겠는가.

그래서 진정 통찰력을 갖고 투자를 하고 싶다면 신문, 뉴스, 책, 인터넷 정보, 강의 등이 나의 통찰력을 높이는 것이 아니라는 것을 알고, 오히려 미술, 연극, 발레, 클래식 등 예술분야와 많이 친해져야 한다. 생략된 것들 안에서 남과 다른 포착을 하고 느끼고 판단하기 위해서는 온몸의 감각과 오감 등을 살려야 하기 때문이다.

만약 토지경매물건에 투자할 계획이라면 단순히 개발계획이나 입지조건, 지형도면 등 외에 그 땅이 전하는 가능성이 보여야 한다.

통찰을 해야만 경매 특수물건을 시세 대비 20~30%에 낙찰받아 자본수익을 보장하면서도 부동산 자체적 가치 상승도 맞물려 시너지 효과로 200% 이상의 고수익을 만들어 낼 수 있다. 혹시 지금 경매부자가 되기 위한 방법과는 거리가 점점 먼 이야기로 마무리하고 있는 것과 같이 느낀다면 착각하는 것이다. 필자는 경매부자가 되기 위한 기본바탕과 핵심을 이야기하고 있는 것이다.

통찰을 하기 위해서는 경매물건을 바라보는 새로운 눈이 필요하다. 예전에 당신이 보고 듣고 만져보고 판단했다면 이제는 느끼고 판단하는 능력을 키워라. 그러기 위해서 당신은 당장 이 순간부터 달라져야 한다.

지금부터 당신의 삶을 관리하고 자신을 단련할 준비를 시작하라. 그 방식은 무엇이라도 좋다. 지금 당장 맨발로 땅 위를 걷는 운동을 시작해도 좋고, 모차르트 전집을 사서 음률을 다 외울 때까지, 시집을 사서 소리 내 읽으며 외워도 좋다.

그 다음에 도전하라. 단, 경매물건을 볼 때 가장 조사하기 복잡하고 머리가 아플 것 같은 순서대로 현장조사와 분석에 뛰어들어라. 그리고 그것이 익숙해지면 다시 그 다음으로 하기 싫은 경매물건을 조사하고 분석해 내는데 도전하라. 자신의 분석결과와 실제 낙찰가를 비교하고 그 결과를 낙찰자가 어떻게 풀어나가는지 보아야 한다. 법원 현장에서 낙찰자를 확인하고 찾아가 사례비를 드리고 옆에서 도울 수 있는 부분을 최대한 도울 테니, 해당 물건을 정리해 나가는 과정과 결과들을 볼 수 있게 해달라고 해보아라. 물론 의심받지 않도록 진실대로 이야기하라. 경매특수물건을 공부하는 사람이라는 것을 말하라. 성공했다면 조사와 분석을 하면서 자신이 남들과 다르게 포착하고 통찰한 그림대로 풀려 가는지 나와 무엇이 다른지, 낙찰 후 명도까지의 과정에서 상황이 종료될 때까지 두 눈 크게 뜨고 지켜보아라.

그리고 다시 깨달아라. 그러면 당신은 어느새 수십 년간 선방에 들어 화두를 들고 앉은 스님들보다 맑은 정신과 판단의 소유자가 되어 특수한 권리관계가 묶여 있는 물건을 보고도 선명한 통찰을 할 수 있을 것이고, 일반인들과 다른 눈으로 매번 고수익을 일궈낼 수 있을 것이다.

깨달음이나 통찰이란 목숨을 건 수행과 불가능한 도전 속에서 얻어지는 것이기 때문이다. 당신이 가장 손쉬운 경매물건을 선택하려는 순간 당신에게서 성공의 가능성은 점점 멀어질 뿐이다. 통찰하는 법을 가르쳐줄 수는 없다. 스스로 담금질하고 스스로 일깨우고 스스로 개발할 때 저절로 얻어지는 것이 바로 통찰력이다. 진정 성공하고 싶다면 먼저 도전하는 사람이 되라.

부록

주택임대차보호법
핵심내용 요약

주택임대차보호법의

구분	이해한 상태에서 법률 해석하기
1. 대항력	임차 상가의 소유주가 바뀌더라도, 기존 임대차 계약의 지속을 주장할 수 있는 권리(건물인도(점유)+주민등록이전(전입신고) 시 획득)
2. 우선변제권	건물이 경매에 붙여질 경우, 후순위 채권자보다 우선하여 보증금을 변제받을 수 있는 권리(대항력+확정일자)
3. 최우선변제권	등기부상의 권리에 상관없이 최우선적으로 일정금액의 보증금을 받을 수 있는 권리
4. 환산보증금	보증금+(월세액×100)
5. 임차권등기명령 제도	임대차 종료 후 보증금을 반환받지 못할 경우 등기를 통해 권리를 보전하고 이사 갈 수 있는 제도

대항력의 개요

❶ 대항력이란?

임차인이 임차주택의 양도인의 지위를 승계한 양수인에 대하여 임대차의 내용을 주장할 수 있고, 임차주택에 대한 제3자의 침해에 대하여서도 방해 배제 청구권을 주장할 수 있는 것을 대항력이라고 한다.

❷ 대항력의 요건

임차인이 주택의 인도와 주민등록을 마친 때는 그 익일부터 제 3자에 대하여 효력이 생긴다.(주택임대차보호법 제3조 1항)

❸ 대항력의 취득시점

주택의 인도와 주민등록을 마쳤을 때는 익일 0시부터 대항력이 생기고 주민등록 전입신고를 먼저 하였을 때에는 인도 즉시 대항력이 생긴다. 익일 0시부터 대항력을 인정하는 이유는 등기소에서 여러 등기를 할 때 동사무소에서의 전입 여부를 알 수 없기 때문에 등기자가 예상치 못한 피해를 입을 수도 있으므로 대항력은 익일 0시부터 인정하고 있다.

❹ 대항력의 존속을 위한 기간

언제까지 대항력의 요건을 갖추어야 하는 것으로 최소한 경매 진행 절차에서 배당요구 종기일까지는 대항력의 요건을 갖추고 있어야 하며, 1999년 3월 1일 이후에 시행하는 임차권등기명령 절차를 밟으면 기간과 상관없이 대항력을 인정받는다.

❺ 대형력이 배제되는 경우

㉠ 금반언 및 신의칙의 원칙: 근저당권자가 담보로 제공된 주택에 대한 가치를 평가할 때 대항력이 있는 임차인이라고 하더라도 임대차 사실을 부인하고 임차보증금에 대한 권리 주장을 하지 않겠다는 내용의 확인서나 각서를 작성한 이후 경매 진행 절차에서 확인서의 내용을 번복하고 임대차를 주장한다고 해도 특별한 사정이 없는 한 신의칙에 위반되어 대항력을 인정받지 못한다.

㉡ 매수인 신뢰 보호의 원칙: 대항력은 있으나 우선변제권이 없는 임차인이 배당에 참여하고자 허위의 확정일자가 있는 계약서를 제출한 경우 허

위사실이 밝혀져 배당에서 제외되면 낙찰자에게 배당받지 못한 보증금을 요구할 수 없다.

ⓒ 채권확보를 하기 위해 기존의 채권을 임차보증금으로 전화하고 전입, 인도만 하고 실제로 주거용으로 사용 수익하지 않았다면 허위 통정에 해당되어 대항력을 인정받을 수 없다.

확정일자 임차인

확정일자란?

확정일자란 증서에 대하여 그 작성한 일자에 관한 안전한 증거가 될 수 있는 것으로 법률상 인정되는 일자를 말하는 것이다. 임대차계약서상의 확정일자는 그 날자 현재에 그 문서가 존재하고 있었다는 사실을 증명하기 위해 계약서 여백이나 뒷면에 번호를 부여하고 확정일자 인을 찍어 주는 것을 의미한다.

확정일자 제도의 의의

임차인이 아주 간편하고 비용도 거의 들지 않고도 전세권 또는 저당권 등기를 한 것과 같은 법적권리를 갖게 됨으로써 경제적 약자인 임차인을 더욱 더 보호가 될 수 있도록 한 것에 의미가 있다.

확정일자와 임차인의 우선변제제권

확정일자 임차인이 우선변제권을 행사하려면 주택의 인도와 주미등록, 임대차계약서상의 확정일자를 갖추어야 하며 대항력은 배당요구종기일까지 유지해야 한다. 또한 확정일자 임차인은 법원이 정한 배당요구의 종기일까지 배당요구를 해야만 우선 변제를 받을 수 있고 배당금을 수령하려면 임차인은 공매든 경매든 매수인에게 명도확인서를 받아 법원이나 자산관리공사에 제출해야 한다.

확정일자 임차인과 관련한 기타 문제

❶ 경매개시결정 등기 후 확정일자를 부여받은 경우

우선 변제를 받기 위해 경매개시등기 이전에 확정일자를 받을 필요가 없다.

따라서 별도의 채무명의 없이 확정일자만으로 배당요구를 할 수 있고 확정일자 이후 후순위 채권자보다 먼저 배당을 받을 수 있다.

❷ 확정일자를 받은 계약서를 분실하였을 때

종전 확정일자를 갖춘 임차인은 대항력을 행사하여 임대차 관계를 존속할 수 있고 보증금에 관하여 임차주택의 가액으로부터 우선변제를 받을 수 있는 권리를 동시에 갖는다.

❸ 대항력있는 임차인의 우선변제권 행사

대항력과 확정일자를 갖춘 임차인은 대항력을 행사하여 임대차 관계를 존속할 수 있고 보증금에 관하여 임차주택의 가액으로부터 우선변제를 받을 수 있는 권리를 동시에 갖는다.

❹임차권의 소멸 시기

대항력과 우선변제권이 있는 임차권은 배당표가 확정될 때까지 대항력을 주장하여 사용, 수익하더라도 부당이익이 아니다.

❺공유 부동산의 임대차에서 대항력 존폐 여부

2인 이상의 공유로 되어 있는 주택을 임차하면서 공유자 중 일부와 임대차계약을 체결한 경우, 공유자 지분이 과반수가 넘지 않으면 임대차계약의 효력을 주장할 수 없다.

소액임차인

소액임차인이란?

대통령령으로 보증금의 범위와 기준을 정하여 그 금액보다 적은 보증금으로 임대차계약을 체결한 사람을 말한다. 소액임차인이 되려면 소액보증금이 지급된다. 적법한 임차인이어야 하며 주택의 인도와 주민등록 전입이 경매기입등기 이전에 갖추어야 하며 배당요구 종기일까지 유지하고 있어야 한다.

최우선 변제권의 내용

주택의 인도, 주민등록의 대항요건을 갖춘 소액임차인은 다른 채권자들보다 우선하여 보증금 중 일정액을 변제받을 권리가 있다. 이때 건물의 일부만 임차한 사람이나 건물만 임차한 사람이라도 대지를 포함한 건물 전체의 매각대금에서 배당받는다.

그러나 대지가격을 포함한 주택가액의 1/2 범위 내에서 우선변제권이 인정되며 다수의 최우선 변제권이 있는 임차인이 있다고 하더라도 실제 배당금액에서 1/2을 넘을 수 없다.

소액 임차 보증금의 배당 순위

❶ 확정일자 보증금과의 우열

대항력 취득일과 상관없이 소액임차인이 선순위가 된다. 소액임차인이 확정일자까지 받았다면 최우선 배당을 먼저 받고 나머지 배당받지 못한 금액은 확정일자 임차보증금 채권으로서 순위에 따라 배당받을 수 있다.

❷ 소액보증금 간의 우열

소액임차인이 여러 사람일 경우 최우선 변제권은 대항력의 취득 시기에 상관없이 무조건 동순위이다. 따라서 배당 절차에서 이들 소액배당금 채권을 모두 만족시켜 주지 못할 경우에는 소액임차인들은 각자의 보증금액 비율에 따른 안분비례를 받는다.

❸ 임금 채권과의 우열

소액보증금과 임금채권액 중 일정액은 사회나 경제적 약자를 위한 특별법이므로 모두 동순위이다. 당해세나 선순위저당 채권 기타 어떤 우선채권보다도 최우선으로 배당해야 한다.

❹ 근저당 채권과의 우열

대통령령으로 정한 소액보증금의 범위 내라면 소액임차 보증금 중 일정액은 선순위 근저당권자보다도 최우선하여 배당된다.

주택 소액임차인의 기준 및 최우선변제금액

근저당 등 설정일	대상 지역 구분	보증금 범위	최우선 변제금
84. 1. 1~	서울특별시, 대전 등 광역시	300만 원	300만 원
87. 11. 30	기타 지역	200만 원	200만 원
87. 12. 1~	서울특별시, 대전 등 광역시	500만 원	500만 원
90. 2. 18	기타 지역	400만 원	400만 원
90. 2. 19~	서울특별시, 대전 등 광역시	2,000만 원	700만 원
95. 10. 18	기타 지역	1,500만 원	500만 원
95. 10. 19~	서울, 광역시(군 지역 제외)	3,000만 원	1,200만 원
2001. 9. 14	기타 지역	2,000만 원	800만 원
2001. 9. 15 ~ 2008. 8. 20	서울, 인천, 안양 등 과밀억제권역	4,000만 원	1,600만 원
	대전 등 광역시(인천, 군 지역 제외)	3,500만 원	1,400만 원
	기타(지방, 광역시의 군)	3,000만 원	1,200만 원
2008. 8. 21 ~ 2010.07.25	서울, 인천, 안양 등 과밀억제권역	6,000만 원	2,000만 원
	대전 등 광역시(인천, 군 지역 제외)	5,000만 원	1,700만 원
	기타(지방, 광역시의 군)	4,000만 원	1,400만 원
2010. 7.26 ~ 현재	서울특별시	7,500만 원	2,500만 원
	대전 등 광역시(인천, 군 지역 제외)	6,500만 원	2,200만 원
	광역시(인천, 군 지역 제외), 안산시, 용인시, 김포시, 경기도 광주시	5,500만 원	1,900만 원
	그 밖의 지역	4,000만 원	1,400만 원

상가임대차보호법
핵심내용 요약

Real estate auctions Secret

상가임대차보호법의

구분	이해한 상태에서 법률해석하기
대항력	임차 상가의 소유주가 바뀌더라도, 기존 임대차 계약의 지속을 주장할 수 있는 권리(건물 점유+사업자등록 시 획득)
우선변제권	건물이 경매에 붙여질 경우, 후순위 채권자보다 우선하여 보증금을 변제받을 수 있는 권리 (대항력+확정일자)
최우선변제권	등기부상의 권리에 상관없이 최우선적으로 일정금액의 보증금을 받을 수 있는 권리
환산보증금	보증금+(월세액×100)
임차권등기명령 제도	임대차 종료 후, 보증금을 반환받지 못할 경우 등기를 통해 권리를 보전하고 이사 갈 수 있는 제도

대항력

대항력이란?

상가건물의 임차인이 건물의 인도와 사업자등록을 마친 때는 임차건물이 매매

253

나 경매 등에 의하여 소유주가 바뀌는 경우에도 새로운 임차건물의 소유자에 대하여 계속 임차권을 주장할 수 있는 권한을 대항력이라고 한다.

대항력의 취득 요건
❶ 건물 임대인의 건물 인도
건물에 대하여 가지고 있는 사실상의 지배가 임대인으로부터 임차인에게 이전해야 한다. 현실 인도뿐만 아니라 간이인도, 목적물 반환청구권의 양도에 의한 인도도 포함된다.
❷ 임차인의 사업자 등록
사업자의 인적사항과 사업 사실 등 과세자료를 파악하는데 필요한 사항을 세무관서의 대장에 등재해야 한다.

대항력의 존속 요건
임차인은 임대인에게 건물을 인도받아 건물의 점유를 배당요구종기일까지 계속해야 하고 사업자등록의 이전 또는 폐업을 하지 않아야 한다.

대항력의 발생시기
주택임대차보호법과 마찬가지로 세무서에 사업자등록을 신청한 후 익일 0시부터 대항력이 발생한다.

우선변제권

우선변제권의 요건
대항요건인 건물의 인도와 사업자 등록을 마치고 확정일자를 받아야 한다. 확정일자라는 것은 계약서에 대하여 그 작성한 일자에 관한 법률상 인정되는 일자일 뿐이므로 대항요건을 갖추지 못한 확정일자는 의미가 없다. 주택임대차보호법상에는 확정일자에 대한 규제가 없다. 그러나 상가임대차보호법에는 확정일자를 세무서에서 받는 것이므로 명문화되어 있다. 따라서 등기소나 기타 다른 곳에서 확정일자를 받는다면 인정받을 수 없다.

우선변제권의 행사

배당요구 종기일까지 배당신청을 해야 우선변제권을 통해 배당을 우선적으로 받을 수 있다. 경매나 공매처럼 환가 절차상 필요한 요건이므로 일반거래에서는 우선변제권은 의미가 없다.

상가건물 적용대상 기준

❶ 대상 기준이란?

상가용 건물이라도 지역별로 일정 보증금 이하인 경우에만 인정된다. 보증금은 경제여건 및 임대차 목적물의 규모 등을 감안하여 지역별로 구분하여 규정된다.

❷ 지역기준

지역	금액
서울특별시	3억 원 이하
수도권 과밀 억제권(경기 지역의 대부분이 속함)	2억 5,000만 원 이하
광역시(군 지역, 인천광역시 제외)	1억 8,000만 원 이하
그 밖의 지역	1억 5,000만 원

소액임차보증금 범위와 최우선변제금액

기간	지역	환산보증금	최우선 변제금
02.11.1 ~ 10.7.25	서울특별시	4,500만 원 이하	1,350만 원까지
	수도권 과밀 억제권 (경기 지역의 대부분이 속함)	3,900만 원 이하	1,170만 원까지
	광역시(군지역, 인천광역시 제외)	3,000만 원 이하	900만 원까지
	그 밖의 지역	2,500만 원 이하	750만 원까지
10.7.26 ~ 현재	서울특별시	5,000만 원 이하	1,500만 원까지
	수도권 과밀 억제권 (경기 지역의 대부분이 속함)	4,500만 원 이하	1,350만 원까지
	광역시, 안산시, 용인시, 김포시, 광주시	3,000만 원 이하	900만 원까지
	그 밖의 지역	2,500만 원 이하	700만 원까지

가등기

종국등기를 할 수 있을 만한 실체법적 또는 절차법적 요건을 구비하지 못한 경우 혹은 권리의 설정, 이전, 변경, 소멸의 청구권을 보전하려고 할 때와 그 청구권이 시한부, 조건부이거나 장래에 있어서 확정할 것인 때에 그 본등기를 위하여 미리 그 순위를 보존하게 되는 효력을 가지는 등기이다. 예비등기의 일종이다. 가등기의 효력은 2가지가 있다.

❶ 그 자체로는 완전한 등기로서의 효력이 없으나 후에 요건을 갖추어 본등기를 하게 되면 그 본등기의 순위는 가등기의 순위로 되므로, 결국 가등기를 한 때를 기준으로 하여 그 본등기의 순위가 확정된다는 본등기순위보전의 효력

❷ 본등기 이전에 가등기가 불법하게 말소된 경우에 가등기명의인은 그 회복을 청구할 수 있는 가등기 자체의 효력(청구권보존의 효력)

가등기담보

채권담보를 위하여 채권자와 채무자 또는 제3자 사이에 채무자 또는 제3자 소유의 부동산을 목적물로 하는 대물변제예약 기타의 계약으로, 그 계약에 의한 채권자의 권리에 관하여 가등기를 할 수 있는 것을 말한다.

가압류

금전채권 또는 금전으로 환산할 수 있는 채권을 가진 자가 확정판결을 받기 전에 훗날 강

제집행을 용이하게 하기 위하여 미리 채무자의 재산을 동결시켜 놓는 절차이다. 이러한 가압류의 성격상 가압류 절차는 은밀하고 긴급하게 이루어져야 하기 때문에 법원은 가압류신청에 대해 채무자의 소환 없이 채권자가 제출한 소명자료에 의한 최소한의 심리를 거쳐 가압류 결정을 하게 된다.

낙찰

낙찰이란 공사도급·물건의 매매 등의 계약을 체결함에 있어 경쟁매매에 의하는 경우에 한쪽 당사자가 입찰에 의하여 다른 당사자를 결정하는 것을 말한다. 다수의 희망자로부터 희망가격 등을 서면으로 제출하게 하여, 그중에서 가장 유리한 내용, 즉 판매의 경우는 최고가격, 매입의 경우는 최저가격 또는 예정가격에 가장 가까운 가격을 기재하여 제출한 자를 선택하여 계약의 당사자로 결정한다. 문서에 의하여 의사표시를 하므로 타인의 내용을 알지 못하여 비밀이 유지되고 계약의 공정을 기할수 있다. 예산회계법상 정부, 공공기관, 공공단체가 매매, 임차, 도급, 기타 계약을 하는 경우에는 이 방법에 의하는 것을 원칙으로 하고 있다. 세법에서도 압류재산의 매각, 장치기간 경과물품의 매각, 몰수품 등의 처분에 있어 이 방법을 적용하는 것을 원칙으로 하고 있다.

낙찰허가결정

낙찰허가결정이 선고된 후 1주일 내에 이해관계인이(낙찰자, 채무자, 소유자, 임차인, 근저당권자 등) 항고하지 않으면 낙찰허가결정이 확정된다. 그러면 낙찰자는 법원이 통지하는 대금납부기일에 낙찰대금(보증금을 공제한 잔액)을 납부해야 한다. 대금납부기일은 통상 낙찰허가결정이 확정된 날로부터 1개월 이내로 지정한다. (신) 매각허가결정

다가구형 단독주택

단독주택 내에 여러 가구가 거주할 수 있는 구조로 된 주택으로 각 가구별로 별도의 방과 부엌, 화장실, 출입구 등을 갖춘 연면적 660m²(200평) 이하, 4층 이하의 주택을 말한다. 2~19가구까지 건축할 수 있다.

다세대 주택

연면적 660m² 이하, 4층 이하로 2세대 이상 건축할 수 있으며 각 세대별로 방, 부엌, 화장실, 현관을 갖추어 각각 독립된 주거생활을 영위할 수 있고 각 세대별 구분 소유와 분양이

가능한 공동주택을 말한다.

담보가등기
'돈을 얼마 빌리고 언제까지 안 갚을 때는 내 소유의 주택을 주겠다'는 식의 대물변제(물건으로 갚는 것)의 예약을 하고 설정하는 경우의 가등기를 말한다. 약속대로 채무자가 돈을 갚지 않는 경우에는 그의 예약 완결권을 행사함으로써 발생하게 되는 장래의 소유권 이전 청구권을 보전하기 위한 것이다.

당해세
당해 재산의 소유 그 자체에 담세력을 인정하여 부과하는 재산세를 말한다. 국세 : 상속세, 증여세와 재평가세. 지방세 : 취득세, 등록세, 재산세, 자동차세, 종합토지세, 도시계획세 및 공동시설세이다.

말소기준권리
등기가말소가 되는데 기준이 되는 권리표시를 말한다. 저당권, 근저당권, 압류, 가압류,담보가등기, 경매신청등기 가운데 시간적으로 가장 앞선 권리를 말하는 것으로 소제와 인수의 기준이 된다. 따라서 말소기준권리 뒤에 오는 제반 권리는 배당 유무에 관계없이 모두 말소된다.

매각결정기일
매각을 한 법정에서 최고가매수신고인에 대하여 매각허가 여부를 결정하는 날로 매각법정에서 선고한 후 법원게시판에 공고만 할 뿐 매수인, 채권자, 채무자, 기타 이해관계인에게 개별적으로 통보하지 않는다.(매각기일로부터 통상 7일 이내) (구) 경락기일, 낙찰기일

매각기일
경매법원이 목적부동산에 대하여 실제 매각을 실행하는 날로 매각할 시각, 매각할 장소 등과 함께 매각기일 14일 이전에 법원게시판에 게시함과 동시에 일간신문에 공고할 수 있다. (구) 입찰기일

매각물건명세서

법원은 부동산의 표시, 부동산의 점유자와 점유의 권원, 점유할 수 있는 기간, 차임 또는 보증금에 관한 관계인의 진술, 등기된 부동산에 관한 권리 또는 가처분으로서 매각으로 효력을 잃지 아니하는 것, 매각에 따라 설정된 것으로 보게 되는 지상권의 개요 등을 기재한 매각물건명세서를 작성하고, 이를 매각기일의 1주일 전까지 법원에 비치하여 누구든지 볼 수 있도록 작성해 놓은 것이다. (구) 경매물건명세서

매각허가결정

매각허가결정이 선고된 후 1주일 내에 이해관계인이(매수인, 채무자, 소유자, 임차인, 근저당권자 등) 항고하지 않으면 매각허가결정이 확정된다. 그러면 매수인은 법원이 통지하는 대금지급기한내에 매각대금(매수보증금을 공제한 잔액)을 납부해야 한다. 대금지급기한은 통상 매각허가결정이 확정된 날로부터 1개월 이내로 지정한다. (구) 낙찰허가결정

배당

경매되는 부동산의 대금, 즉 경락대금으로 각 채권자를 만족시킬 수 없는 경우, 권리의 우선순위에 따라 매각대금을 나누어 주는 절차이며 법에 명시된 순서에 따라 배당받게 된다.

배당요구

강제집행에 있어서 압류채권자 이외의 채권자가 집행에 참가하여 변제를 받는 방법으로 민법, 상법, 기타 법률에 의하여 우선변제청구권이 있는 채권자, 집행력 있는 정보를 가진 채권자 및 경매개시결정의 기입 등기 후에 가압류를 한 채권자는 법원에 대하여 배당요구를 신청할 수 있다. 배당요구는 낙찰기일까지, 즉 낙찰허가결정 선고 시까지 할 수 있다. 따라서 임금채권, 주택임대차보증금반환청구권 등 우선변제권이 있는 채권자라 하더라도 낙찰기일까지 배당요구를 하지 않으면 낙찰대금으로부터 배당받을 수 없고, 그 후 배당을 받은 후순위자를 상대로 부당이득반환청구를 할 수도 없다. 민사집행법이 적용되는 2002년 7월 1일 이후에 접수된 경매사건의 배당요구는 배당요구의 종기일까지 해야 한다. 따라서 임금채권, 주택임대차보증금반환청구권 등 우선변제권이 있는 채권자라 하더라도 배당요구종기일까지 배당요구를 하지 않으면 매각대금으로부터 배당받을 수 없고, 그 후 배당을 받은 후순위자를 상대로 부당이득반환청구를 할 수도 없다.

배당요구 채권자

낙찰허가기일까지 집행력이 있는 정본에 의하여 배당요구를 한 채권자, 임차인으로서 확정일자에 의한 또는 소액임차인으로 배당요구를 한 임차인, 기타 권리를 주장하여 배당요구를 한 채권자를 말한다.

배당요구의 종기 결정

경매개시결정에 따른 압류의 효력이 생긴 때부터 1주일 내에 집행법원은 절차에 필요한 기간을 감안하여 배당요구할 수 있는 종기를 첫 매각기일 이전으로 정한다. 제3자에게 대항할 수 있는 물권 또는 채권을 등기부에 등재하지 아니한 채권자(임차인 등)는 반드시 배당요구의 종기일까지 배당요구를 해야 배당을 받을 수 있다. 법원은 특별히 필요하다고 인정하는 경우에는 배당요구의 종기를 연기할 수 있다.

배당절차

넓은 의미에서는 강제집행이나 파산절차에서 압류당한 재산이나 파산재단을 환가함으로써 얻은 금전을 배당요구신청을 한 각 채권자에게 안분하여 변제하기 위한 절차이다.

법원경매

채권자 혹은 담보권자가 채권회수를 하고자 할 때 채무자의 부동산 등을 법원에 경매 신청하여 그 대금으로 채권회수의 목적을 달성하려는 절차를 법원경매라고 한다.

사건번호

경매에 응찰하고자 하는 물건을 특정하는 것이다(부동산 경매사건의 부호는 '타경'이다).

상계

채권자가 동시에 매수인인 경우에 있을 수 있는, 매각대금의 특별한 지급방법이다. 현금을 납부하지 않고, 채권자가 받아야 할 채권액에서 납부해야 할 매각대금을 같은 금액만큼을 차감하는 것이다. 채권자는 매각대금을 상계 방식으로 지급하고 싶으면, 매각결정기일이 끝날 때까지 법원에 위와 같은 상계를 하겠음을 신고해야 하며, 배당기일에 매각대금에서 배당받아야 할 금액을 제외한 금액만을 납부하게 된다. 그러나 그 매수인(채권자)이 배당받을 금액에 대하여 다른 이해관계인으로부터 이의가 제기된 때는 매수인은 배당기일이 끝날 때까지 이에 해당하는 대금을 납부해야 한다.

선순위가등기
1순위 저당 또는 압류등기보다 앞서 있는 가등기는 압류 또는 저당권에 대항할 수 있으므로 경매 후 촉탁에 의하여 말소되지 않는다.

선순위가처분
1순위 저당 또는 압류등기보다 앞서 있는 가처분등기는 압류 또는 저당권에 대항할 수 있으므로 경매 후 촉탁에 의하여 말소되지 않는다.

아파트
5층 이상이고 구분소유가 된 공동주택

압류
확정판결, 기타 채무명의에 의해 강제집행(입찰)을 하기 위한 보전수단(압류후 경매 또는 환가절차로 이행)

양도소득
양도소득은 당해연도에 발생한 소득으로서 다음의 것을 말한다.
1. 토지 또는 건물의 양도로 인하여 발생하는 소득
2. 부동산에 관한 권리의 양도로 인하여 발생하는 소득
3. 한국증권거래소에 상장되지 않은 주식 또는 출자지분의 양도로 인해 발생하는 소득
4. 기타 자산의 양도로 인해 발생하는 소득

연립주택
주택으로 쓰이는 1개동의 연면적이 660㎡를 초과하는 4층 이하의 공동주택을 말함.

예고등기
예비등기의 한 가지로써 이는 등기원의 무효 또는 취소로 인한 등기의 말소 또는 회복의 소가 제기된 경우에 이것을 제3자에게 경고하기 위하여 수소법원의 직권으로써 이를 등

기소에 촉탁하여 행하게 하는 등기. 예납금경매를 신청하기 위해서는 신청채권자가 경매 절차에 있어서 필요한 송달료, 감정료, 현황조사료, 신문공고료, 집행관수수료 등의 비용에 대한 대략의 계산액을 미리 예납해야 하는데 이 금액을 예납금이라고 한다.

재개발
기존 노후 불량주택을 철거한 후 그 대지 위에 새 주택을 건립하는 것을 말한다. 재건축을 위해서는 기존 주택 소유자 20인 이상이 재건축 조합을 건립해야 하고 조합이 재건축사업의 주체가 된다.

재경매
매수신고인이 생겨서 낙찰허가결정의 확정 후 집행법원이 지정한 대금지급기일에 낙찰인(차순위 매수신고인이 경락허가를 받은 경우를 포함한다)이 낙찰대금지급의무를 완전히 이행하지 아니하고 차순위매수신고인이 없는 경우에 법원이 직권으로 실시하는 경매이다.

저당권
채권자가 물건을 점유하지 않고 채무를 담보하기 위하여 등기부에 권리를 기재해 두었다가 채무를 변제하지 않았을 경우 그 부동산을 경매 처분하여 우선변제를 받을 수 있는 권리를 말한다.

전세권
전세금을 지급하고 타인의 부동산을 점유하여 그 부동산의 용도에 따라 사용 수익하는 것을 애용으로 하는 물건, 제3자에게 대항력이 있고 전세권 설정자의 동의 없이 양도, 임대, 전세를 할 수 없으며 전세금의 반환이 지체된 때는 전세권자에게 경매를 청구할 권리가 있다.

전세권자
전세계약을 하고 그 내용을 등기부에 등재한 물권의 일종으로 전세권이라 말하며, 통상 등기한 임대차를 말한다.

차순위매수신고인((구)차순위입찰신고인)

최고가 매수신고인 이외의 입찰자 중 최고가 매수신고액에서 보증금을 공제한 액수보다 높은 가격으로 응찰한 사람은 차순위 매수신고를 할 수 있다. 차순위 매수신고를 하게 되면 매수인은 매각대금을 납부하기 전까지는 보증금을 반환받지 못한다. 그 대신 최고가 매수신고인의 국한된 사유로 그에 대한 매각이 불허되거나 매각이 허가되더라도 그가 매각대금 지급의무를 이행하지 아니할 경우 다시 매각을 실시하지 않고 집행법원으로부터 매각 허부의 결정을 받을 수 있는 지위에 있는 자이다.

채권

민법상 인정되는 물권은 물권법정주의 원칙에 의해 8종의 권리가 있으며, 점유권, 소유권, 지상권, 지역권, 전세권, 유치권, 질권, 저당권이다. 채권은 채무자에 대하여 급부를 청구할 수 있는 청구권이다. 즉 채권은 채권자가 채무자에 대해서만 청구할 수 있는 대인권이고, 상대권이며, 청구권이다.

채권자

채권을 가진 사람으로 곧 채무자에게 재산상의 급부 등을 청구할 권리가 있는 사람을 말한다. 채무자가 임의로 그 행위를 이행하지 않을 때는 채권자는 법원에 소를 제기하여 현실적 이행을 강제할 수 있다.

채무불이행

채무자가 정당한 사유 없이 채무의 내용에 따른 이행이 없는 경우를 말한다. 이에는 이행지체, 이행불능, 불완전이행 등이 있다.

판결

민사소송법상 판결은 재판의 일종으로서 법원이 원칙적으로 변론을 경유하여, 법정의 방식을 구비한 서면(판결원본)을 작성하고, 이에 의하여 선고를 함으로써 성립한다.

표제부

토지 건물의 지번(주소), 지목, 면적, 용도 등이 적혀 있으며 집합건물의 경우는 표제부가 2장이다. 첫 번째 장은 건물의 전체 면적이, 두 번째 장에는 건물의 호수와 대지지분이 나와 있다.

필요비
민법상의 필요비는 부동산의 효용을 적정하게 유지하고 회복하는 데에 필요한 관리비, 수리비 등을 말하는데 부동산임대차 시에는 임대인이 지출하게 되어 있는 것이며 민법상의 유익비와는 다르다.

필지
하나의 지번이 붙는 토지의 등록단위를 말한다(법적 개념).

항고
법원의 결정에 의하여 손해를 받을 이해관계인, 허가결정에 대하여 이의가 있는 경락인(허가 이유나 조건 등), 불허가결정에 대하여 이의가 있는 매수신고인(허가를 주장하는) 등이 항고를 제기할 수 있는데, 법원의 결정/명령에 대하여 불복하는 상소의 한 제도이다.

항고보증금
매각허가결정에 대하여 항고를 하고자 하는 모든 사람은 보증으로 매각대금의 10분의 1에 해당하는 금전 또는 법원이 인정한 유가증권을 공탁해야 한다. 이것이 항고보증금인데, 이를 제공하지 아니한 때는 원심법원이 항고장을 각하하게 된다. 채무자나 소유자가 한 항고가 기각된 때는 보증으로 제공한 금전이나 유가증권을 전액 몰수하여 배당할 금액에 포함하여 배당하게 된다. 그 이외의 사람이 제기한 항고가 기각된 때는 보증으로 제공된 금원의 범위 내에서, 항고를 한 날부터 항고기각결정이 확정된 날까지의 기간 동안의, 매각대금에 대한 연 25%에 해당하는 금액에 대하여는 돌려받을 수 없다.

현황조사보고서
법원은 경매개시결정을 한 후 지체 없이 집행관에게 부동산의 현상, 점유관계, 차임 또는 임대차 보증금의 수액 기타 현황에 관하여 조사할 것을 명하는데, 현황조사보고는 집행관이 그 조사내용을 집행법원에 보고하기 위하여 작성한 문서이다.